COR
A INTENÇÃO DE DEUS COM A DIVERSIDADE

CARLA D. SUNBERG
DANIEL A. K. L. GOMIS

A Deus Pai, de quem deriva o nome de todas as famílias no céu e na terra.

Ao meu pai, Gabriel Jacques Gomis. Sou grato pelo seu legado de mente aberta, hospitalidade para todas as culturas e amor pela música e pela vida simples.

—*Dany*

À Katarina Kühne, minha avó alemã/russa, que me amou e orou por mim, abrindo os meus ouvidos e mente para a beleza das variadas culturas.

—*Carla*

Copyright © 2023

Carla D. Sunberg e Daniel A. K. L. Gomis

ISBN 978-1-56344-978-9

Original publicado sob o título
Color, God's Intention for Diversity
Direitos de Autor ©2021
Publicado pela The Foundry Publishing
Kansas City, Missouri (E.U.A.)

Esta edição foi publicada por acordo com a
The Foundry Publishing e Global Nazarene Publications.

Todos os direitos reservados. Nenhuma parte desta publicação pode ser reproduzida, armazenada num sistema de recuperação ou transmitida de qualquer forma ou por qualquer meio - por exemplo, electrónico, fotocópia, gravação - sem a permissão prévia por escrito do editor. A única excepção são breves citações em revisões impressas.

Design da capa: Arthur Cherry

Paginação por Michael J. Williams

Todas as citações das Escrituras, salvo indicação em contrário, são tiradas da versão João Ferreira de Almeida Revista e Corrigida (ARC).

Todos os endereços de internet, endereços de e-mail e números de telefone neste livro são precisos no momento da publicação e são fornecidos como recurso. Os editores não os endossam ou atestam o seu conteúdo ou permanência.

Tradução para o português europeu (pré-AO90) por Priscila Guevara, Paulo de Melo Duarte e Susana Reis Gomes.

ÍNDICE

Introdução 7
1. Castanho: A História de Dany 13
2. Branca: A História de Carla 27
3. De que cor é o meu Jesus? 41
4. Amarelo: Hospitalidade 55
5. Roxo: Identidade 69
6. Dourado: O Fio Dourado da Doutrina
   (Santidade) 91
7. Vermelho: Guerra Espiritual 101
8. Azul: Formação Espiritual, Parte 1 119
9. Azul: Formação Espiritual, Parte 2 135
10. A Música é uma Cor: Vamos Cantar
    uma Nova Canção 151
Bibliografia 159

INTRODUÇÃO

"As suas vestes são de ouro tecido. Levá-la-ão ao rei com vestes bordadas; as virgens que a acompanham a trarão a ti. Com alegria e regozijo serão trazidas; elas entrarão no palácio do rei."

— Salmo 45:13–15

O salmista pinta o quadro de uma linda noiva adornada para o noivo. Consegue-se imaginar o esplendor das vestes que são tecidas com fios dourados que brilham nas câmaras banhadas pelo sol. O seu porte é digno e ela está vestida com vestes de muitas cores antes de ser levada ao rei. A magnitude da honra que a noiva recebe reflecte-se na forma como ela agora está vestida e pronta para entrar no palácio do rei.

A visão da noiva era apenas um prenúncio da era messiânica em que a igreja nasceria. A Igreja - a noiva de Cristo - deve ser introduzida na presença do Noivo. Preparada para esse dia, a Igreja será adornada com belas vestes de muitas cores, tecidas com fios de ouro, com um design muito superior a qualquer bordado humano. A tapeçaria dessas vestes virá da diversidade do seu povo que não se mistura para se tornar uniforme, mas que são tecidas juntos por fios dourados de fé e doutrina, criando um padrão tão impressionante que o mundo fica admirado.

Ao longo da sua história, a Igreja nem sempre conseguiu reflectir tal diversidade. Com demasiada frequência prevaleceu o desejo de uniformidade ou de conformidade. Infelizmente, isso pode pintar um quadro bastante aborrecido, que dificilmente se pode comparar com aquilo que Deus pretendia. A única forma pela qual a Igreja pode reflectir a beleza que Deus planeou é quando irmãos e irmãs se unem em comunhão e conversa, permitindo que o Espírito Santo os una num reflexo divino do Reino de Deus. Esta é a nossa visão e sonho para a Igreja.

Somos o Dany e a Carla, um irmão e irmã em Cristo que têm passado tempo em conversação e comunhão. Somos um par bastante improvável para escrever um livro juntos: a Carla é uma mulher branca que viveu vinte e um anos da sua vida na Europa e fala alemão, inglês e russo, enquanto o Dany é um homem negro que viveu a maior parte da sua vida no Senegal e fala wolof, francês e inglês. Através do nosso trabalho na igreja, ambos fomos empurrados para novas posições que nos tornaram parceiros de trabalho durante dois anos. Durante esse tempo, nós, juntamente com os nossos cônjuges e outros membros de equipa, passámos muito tempo a viajar pelo continente de África, pregando, ensinando e em comunhão. Descobrimos que tínhamos muito a aprender sobre o trabalho que estávamos a fazer, mas também sobre como poderíamos trabalhar juntos, mesmo quando vínhamos de origens tão diferentes.

Este livro começou como conversas à volta de mesas de jantar, onde reflectiríamos sobre o que tínhamos aprendido ao longo do dia. A honestidade e a confiança abriram a porta para a avaliação crítica e a melhoria contínua. Dany partilharia as coisas sobre as mensagens de Carla que gostava e como elas se podem relacionar com a cultura africana, mas não hesitou em informá-la quando achava que ela estava equivocada. Ele dedicaria um tempo para lhe ensinar verdades profundas subjacentes que afectam as formas pelas quais os africanos veriam e entenderiam Deus. Carla partilharia com Dany verdades teológicas nas quais estava a embarcar e como é que elas poderiam ser expandidas quando ele permitisse que outras vozes falassem com ele. Ela falava com Dany sobre as formas como ele usava a música para se comunicar e se relacionar com as pessoas, muitas vezes transformando um momento tenso num momento cheio da presença de Deus. Esse uso da cultura era uma forma de Deus ser revelado ao povo. Eles também tiveram conversas sobre mal-entendidos culturais e a compreensão de que as percepções podem estar erradas.

A questão é que passámos um tempo a conversar e a aprender uns com os outros e pensámos que gostaria de se juntar a nós nessas conversas. Descobrimos que quando permitimos que Deus tecesse o nosso trabalho juntos, era melhor e mais bonito do que quando o fazíamos sozinhos. Começamos a descobrir a beleza da túnica de várias cores. O nosso castanho e branco misturaram-se com as incríveis culturas que encontrámos. Este é um convite para que se juntem às nossas jornadas pessoais e depois ao nosso trabalho combinado como discípulos que estão a processar esta caminhada cristã.

Estamos a viver num mundo que está a mudar a um ritmo rápido e as experiências ao longo do caminho ajudaram a moldar as nossas conversas. Ao reflectir sobre o passado, reconhecemos que, às vezes, a Igreja viveu com uma mentalidade de "nós e eles", e por mais que gostássemos de nos livrar disso, tem sido uma luta. Podemos pensar que isso se refere ao nosso empreendimento missionário, mas também pode ser uma atitude de uma cultura se considerar dominante e, geralmente, entrar em outras culturas como anfitrião e não como convidado. A hospitalidade cristã está na base de uma relação de mutualidade e, dependendo da situação, o papel do convidado e do anfitrião muda.

Na realidade, a Igreja não é muito diferente do resto do mundo, que ainda acredita que há dicotomia: que alguns são sempre os anfitriões e outros são sempre os convidados. Às vezes, adoptamos a mentalidade e a linguagem de um "mundo desenvolvido" e de um "mundo em desenvolvimento". Para outros, pode ser simplesmente uma dicotomia entre a sua visão de mundo cultural e a de outra pessoa.

Muitos de nós permaneceram congelados numa imagem dos anos 60 do mundo e da Igreja. O Dr. Hans Rosling, no seu livro *Factfulness*, destrói as noções de mundo dos anos 60, encorajando-nos a ver que percorremos um longo caminho desde então e, juntamente com as mudanças no mundo vieram grandes implicações para a Igreja. Quando examinamos o mundo, descobrimos que já não há nenhuma dicotomia económica entre "nós" e "eles", mas o Dr. Rosling coloca o mundo em quatro níveis de desenvolvimento económico. O número que vive no nível um (o mais pobre) continua a diminuir a um ritmo dramático, enquanto os do nível quatro, provenientes de fora do "Hemisfério Norte e do Ocidente", em breve ultrapassarão aqueles que mantiveram a ocupação única nessa categoria. Por outras palavras, o desenvolvimento económico no mundo está a acontecer rapidamente, e isso tem implicações para todo o povo de Deus. Aquele que se supunha ser sempre o convidado, por direito, desempenha o papel de anfitrião.

INTRODUÇÃO

Podemos alegrar-nos que essas mudanças tenham ocorrido e a Igreja tem sido um participante muito activo em trazer mudanças em muitas partes do mundo. Sem o trabalho de missionários e agências humanitárias cristãs, e a resiliência e contribuição da liderança cristã nacional, grande parte desse progresso podia não ter ocorrido. A notícia empolgante é que muitos em todo o mundo se têm desenvolvido económica, social e educacionalmente e agora estão prontos para tomar o seu lugar de direito na liderança. Isto pode ser um desafio porque devemos trabalhar para romper intencionalmente com os velhos costumes. Este é um momento emocionante para fazer parte da Igreja, pois podemos inclinar-nos para um novo futuro, um que nunca antes foi explorado ou experimentado, mas isso só é possível quando estamos dispostos a trabalhar intencionalmente na mudança.

Este livro é um esforço para reunir culturas radicalmente diferentes, revelando uma túnica de várias cores, que, na sua beleza, reflecte o Reino de Deus. A doutrina é um fio dourado que nos ajuda a estar unidos. A mensagem de santidade transcende a cultura e chama-nos a estar unidos. Esta obra não é fácil, mas é um trabalho de amor para a Igreja para que a noiva possa ser resplandecente com beleza.

QUESTÕES PARA REFLEXÃO

1. Porque é que está interessado/a em embarcar nesta conversa sobre a diversidade na Igreja?

___

___

___

2. O que pensa sobre as igrejas multi-culturais e o foco nas igrejas mono-culturais de uma só etnia?

___

___

___

3. Que mudanças é que viu nos últimos dez a vinte anos que podem ter moldado o seu pensamento sobre o futuro da Igreja?

___

___

1
CASTANHO
A História de Dany

As palavras ajudam-nos a categorizar e classificar para melhor identificar, estudar, explorar e entender. As palavras são usadas para expressar uma ideia, uma ideia que se torna numa imagem, uma imagem que se pode tornar um estereótipo e um estereótipo que se transforma num objecto, um facto, e então, finalmente, uma verdade e uma história. As palavras são poderosas, de facto, mas as imagens são muitas vezes mais impactantes.

Enquanto criança, cresci com duas imagens de Jesus: o menino Jesus e o Jesus crucificado. Na minha pequena mente, Jesus dependia totalmente da Sua mãe, Maria, e eu tinha de lhe fazer os meus pedidos de oração. Vim de uma família divorciada onde os meus irmãos e irmãs foram separados em tenra idade e enviados para diferentes lares. Vivi com o meu pai e um profundo sentimento de insegurança cresceu dentro de mim. Não podia confiar num menino Jesus que dependia da mãe.

A outra figura era a do Jesus crucificado, pregado numa cruz, meio nu, com os olhos fechados como se estivesse derrotado, a cabeça inclinada para o lado direito e a olhar para baixo. A mãe d'Ele estava sentada ao pé daquela cruz, observando e chorando. Isso também não me dizia muito nesses primeiros anos da minha vida.

    Quando era criança, não notei na cor da pele de Jesus porque o que vi deve ter sido normal. Jesus não poderia ter sido outra coisa senão... branco. A minha representação religiosa de Deus era branca, porque o nosso padre católico, o padre Lebert, que era um velho francês, nos ensinou o catecismo e foi assistido por freiras brancas francesas. Poucas freiras eram senegalesas. Quando celebrei a minha primeira comunhão (comunhão católica), fiquei tão orgulhoso de usar a minha camisa branca com o meu casaco, calças de veludo azul e uma gravata vermelha, enquanto os meus amigos estavam ao meu lado com os seus fatos ou vestidos brancos. Ainda tenho a foto da nossa confirmação católica na qual, eu e a minha irmã Stephanie, estamos a vestir alvas brancas, com enormes cruzes de madeira à volta dos nossos pescoços, cintos feitos de lã na nossa cintura. As nossas mãos estão unidas e temos sorrisos na cara. Foi uma das minhas experiências mais próximas de me parecer com o Padre Lebert.

    Eu estava a estudar francês, a aprender sobre a cultura francesa e os heróis em todos os meus livros de desenhos animados eram brancos. Eu admirava Zembla - um daqueles heróis - um homem branco hercúleo com longos cabelos negros que vivia na selva de África. Ele conseguia falar com os animais selvagens e estava a lutar pelas tribos africanas locais contra os chefes tribais cruéis e comerciantes brancos gananciosos.

    Também gostava de Antares, um super herói loiro, bonito e poderoso que vivia debaixo do mar e na terra e falava com todos os animais do oceano. A coisa incrível na minha imaginação em criança era ver que ele tinha um golfinho que fazia de cavalo. Tex Willer era um dos meus heróis favoritos. Ele era um ranger dos E.U.A. que defendia os nativos americanos da cobrança e ganância de bandidos, comerciantes sem escrúpulos e políticos corruptos e magnatas.

Ao longo de toda a minha infância, a maioria dos meus heróis eram homens brancos, que tinham um forte sentido de justiça, podiam viver em qualquer contexto cultural ou social, trazendo sempre mudanças e esperança. Os meus heróis eram o Padre Lebert, Zembla ou Tex Willer. O meu mundo como um menino africano, que vivia em solo africano, foi povoado com um mundo branco. Ambos os meus mundos religiosos e de fantasia eram brancos, e naqueles dias, eu não questionava nada disso. Tudo se tornou normal, porque, como Frantz Fanon ironicamente disse, "para o homem negro, há apenas um destino. E é branco".[1]

Eu não sabia que vivia com uma narrativa em particular que tinha estado comigo desde a minha infância até começar a ouvir *reggae* na adolescência. Também comecei a ler novos autores enquanto estava no ensino médio e ainda mais quando comecei a frequentar a universidade pública. Na realidade, o ponto de viragem veio quando o meu pai morreu. Eu tinha apenas dezenove anos, mas ele sofria de uma longa doença. O meu mundo entrou em colapso e a minha esperança de um futuro brilhante tornou-se muito fraca. Encontrei-me numa profunda crise de identidade. O meu pai tinha sido católico romano, mas apercebi-me que eu nunca me tinha encaixado realmente na religião. Não sentia nenhuma ligação com as duas imagens de Jesus da minha infância: o menino Jesus e Jesus na

---

1. Frantz Fanon, Black Skin, White Masks (New York: Grove Press, 1967).

cruz. De repente, percebi que ambas as versões de Jesus, a Sua mãe, todos os anjos e até Deus, eram brancas. Não me sentia confortável na companhia deles porque não fazia parte delas. Eu precisava de uma espiritualidade mais alinhada com a minha cultura africana, mais em sintonia com a minha experiência do dia-a-dia, e estava desesperadamente em busca de um mentor espiritual com quem me pudesse identificar. Desde a minha adolescência até aos meus vinte e poucos anos, cerquei-me de mentores que moldaram o meu pensamento. Encontrei esses mentores em livros e música, pessoas como Bob Marley, Steve Biko, Frantz Fanon, Malcolm X e muitos outros.

Decidi rejeitar conscientemente qualquer coisa relacionada com o cristianismo europeu e os valores culturais que faziam parte da minha identidade herdada. Tornei-me cada vez mais interessado em línguas, história e cultura africanas e, como não conseguia separar o cristianismo da sua abordagem eurocêntrica, decidi converter-me ao Islão. Não qualquer tipo de Islão, mas uma versão africana.

Eu precisava de um mentor espiritual e não conseguia encontrar um no cristianismo totalmente branco da minha infância. Por isso, voltei-me para o Islão, mas não estava interessado em Maomé, o profeta do Islão, porque ele também era um árabe branco. No entanto, a minha sede espiritual era por um relacionamento pessoal com um guia espiritual. Não procurava um guia religioso, formal ou legalista, mas uma relação mística, simples, profunda e autêntica que estivesse em sintonia com a minha identidade africana. Interessei-me pelo movimento sufista no Islão e pelos ensinamentos do xeque Ahmadou Bamba, o seu fundador religioso senegalês. Descobri um sentido de comunidade, de pertença, e uma forma de desenvolver uma relação mística. No entanto, enquanto estava nessa jornada, uma grande experiência espiritual definidora mudaria completamente a trajetória da minha vida.

Um dia, ao ler o Alcorão, um versículo[2] sobre Jesus, o Messias, desencadeou perguntas[3] na minha mente e comecei a buscar saber mais sobre Ele. Eu tinha vinte e poucos anos quando comecei a ler os Evangelhos pela primeira vez com um novo desejo de entender mais sobre Jesus. Encontrei Jesus como uma pessoa real que me convidou a caminhar a Seu lado numa peregrinação de auto-descoberta. Foi um convite para um relacionamento muito íntimo e aberto que incluiria conversas francas e honestas sobre os meus medos, as minhas lutas internas, as minhas inseguranças e a minha identidade africana. Eventualmente, pude juntar-me a Jó e dizer: "Com o ouvir dos meus ouvidos ouvi, mas agora te veem os meus olhos" (Jó 42:5).

Desde a minha infância até aos meus vinte e poucos anos, tinha sido como Zaqueu que observava Jesus de longe, ouvindo sobre a Sua história através de pessoas bem-intencionadas, mas que O vestiram com os seus próprios preconceitos culturais e me ensinaram através dos olhos da Sua mãe com ênfase numa espiritualidade de pobreza, submissão, dependência e resignação. Agora, os meus olhos tinham-No visto, e como

---

2. Surata 3:55: "E quando Allah disse: Ó Jesus, por certo que porei termo à tua estada na terra; ascender-te-ei até Mim e salvar-te-ei dos incrédulos, fazendo prevalecer sobre eles os teus prosélitos, até ao Dia da Ressurreição. Então, a Mim será o vosso retorno e julgarei as questões pelas quais divergis" (ênfases nossas).

3. À medida que estava a ler o Alcorão, a fim de encontrar argumentos para que pudesse refutar a divindade de Jesus, o conceito da Trindade e a crucificação de Jesus, este versículo destacou-se por afirmar que aqueles que seguem Jesus (não aqueles que acreditavam n›Ele, porque os muçulmanos afirmam acreditar em Jesus, mas seguem Maomé, o Profeta do Islão) estarão acima daqueles que não acreditam em Jesus. Também descobri que o Alcorão estava a citar Jesus mais do que o próprio Profeta do Islão - no seu próprio livro - e o único capítulo no Alcorão com o nome de uma mulher recebeu o nome de Maria, a mãe de Jesus.

diz um provérbio na minha língua, "não se pode negar o que se vê com os próprios olhos".

Mergulhei nas histórias dos quatro Evangelhos. A próxima coisa que descobri foi que estava a imaginar-me a andar ao lado de Jesus, a ouvir os Seus ensinos e a tomar nota dos Seus gestos e respostas às pessoas que tinham ido vê-Lo. Já não estava a ver uma imagem na parede de um menino Jesus ou um crucifixo de Jesus numa casa, mas estava a encontrar uma pessoa, um homem de verdade, que viveu e andou na terra e falou de forma simples e na linguagem quotidiana sobre as verdades espirituais e atemporais mais profundas que eu já tinha ouvido. Não vi o Jesus branco representado nas minhas imagens de infância, mas vi um homem judeu que viveu no Oriente Médio, que nasceu sob o domínio colonial, que passou os primeiros anos formativos da Sua vida como refugiado em África (Mateus 2:13), que comeu enquanto estava sentado no chão usando as mãos e que estava sempre em comunidade.

Além das ligações culturais comuns que vi n'Ele por causa da Sua cultura e hábitos judaicos, conectei-me também com a Sua mensagem universal de esperança, reconciliação e amor. Mais tarde percebi que, mesmo durante os anos mais selvagens dos meus estudos universitários, enquanto mostrava com orgulho a filosofia rastafariana, exterior e interiormente adoptando um tipo africano de Islão, eu tinha escrito as três respostas que Jesus deu ao diabo quando foi tentado no deserto na porta do armário do meu dormitório.[4] Era como se algo em mim soubesse que Jesus Cristo Se tornaria a resposta para a minha busca.

---

4. Mateus 4:4: "Ele, porém, respondendo, disse: Está escrito: Nem só de pão viverá o homem, mas de toda a palavra que sai da boca de Deus." Mateus 4:7: "Disse-lhe Jesus: Também está escrito: Não tentarás o Senhor, teu Deus." Mateus 4:10: "Ao Senhor, teu Deus, adorarás e só a ele servirás."

E sim, é uma busca, uma descoberta e uma relação com Jesus que se revela a nós à medida que a nossa relação se aprofunda cada vez mais. Ele não disse em João 8:32: "E conhecereis a verdade, e a verdade vos libertará"? Ele não disse que a verdade me libertou, ou me liberta, mas sim que "libertará". O processo de liberdade ou libertação aconteceu de facto, está a acontecer actualmente e continuará a acontecer. O Senhor Jesus sabia que eu ainda tinha mais algumas lutas com que lidar na minha vida interior. Lembre-se que eu tinha crescido com uma imagem de Jesus como um bebé que dependia da Sua mãe e um homem derrotado numa cruz. Essas imagens foram um grande obstáculo na minha busca por um mentor espiritual, pois eu era um jovem que tinha perdido o pai e que precisava de um homem de verdade na sua vida. Devo confessar que, aos meus olhos, Jesus não era viril o suficiente.

Uma descoberta chave para mim veio quando vi a masculinidade de Jesus magistralmente descrita por J. Oswald Sanders em *The Incomparable Christ*.[5] Eu estava desesperadamente à procura de um mentor espiritual e o capítulo sobre a "masculinidade de Cristo" foi de encontro à minha necessidade. Sanders abre com estas palavras: "Jesus não era apenas um homem, era um homem viril - a coroa e a glória da humanidade".[6] Sanders descreveu a Sua coragem resoluta, as Suas declarações intrépidas, a Sua resistência física, o Seu silêncio corajoso, a Sua severidade inflexível, o Seu notável auto-controlo, as Suas denúncias contundentes e a Sua franqueza intransigente. Tal como Sanders, encontro muita inspiração no poema de Rex Boundy:

---

5. J. Oswald Sanders, The Incomparable Christ (Chicago: Moody Publishers, 1952), 69.
6. Sanders, Incomparable, 69.

> Dêem-nos um Cristo viril para estes dias difíceis!
> Pintores e escultores, mostrem o guerreiro corajoso;
> E vós que transformam meras palavras em ouro reluzente,
> Durante muito tempo entoaram louvor
> De paciência e humildade. Os nossos caminhos separaram-se
> Da quietude do passado;
> Precisamos de um homem forte connosco para aguentar
> A brecha da morte sem espanto.
> Ele não flagelou os ladrões dos pátios do templo?
> E fez com que o arcebispo caísse de novo?
> E explodiu a figueira que era apenas folhas?
> E ainda o tumulto furioso dos mares?
> Ele não suportou a maior dor de todas,
> Silencioso sobre a Cruz no Calvário?[7]

Comecei a minha jornada espiritual com Jesus como guia e Ele transformou a minha visão distorcida de Deus, a minha visão perturbada de mim mesmo e a minha visão tendenciosa em relação ao outro. Esta jornada é geralmente chamada de discipulado ou processo de santificação. Eu vejo-o como um ensaio para uma vida melhor e eterna, sendo uma vida vivida na realidade actual. Acredito que Deus estava a alcançar-me desde tenra idade e até mesmo através da minha cultura. Comecei a ter uma visão de Deus através das experiências quotidianas da vida. Quando era pequeno gostava da chuva, e sempre que havia relâmpagos, costumava dizer que Deus estava a tirar-nos uma fotografia! Deus sempre fez parte da nossa visão do mundo e nunca questionámos nem duvidámos da Sua existência. Nós chamávamo-Lo de *Maam Yallà*, que significava "Deus avô" e

---

7. Sanders, Incomparable, 117–18.

em cada estação chuvosa cantávamos uma canção: "Deus avô, dê-me água e se eu viver, pagarei-Lhe-ei". Cantávamos e cantávamos novamente até chover. E quando chovia, corríamos para as gotas de chuva, saltávamos nas ruas lamacentas e gritávamos de alegria, com gratidão. Nas nossas mentes inocentes, estávamos convencidos de que *Maam Yallà* ouvia as nossas orações e que estava a enviar-nos o relâmpago para ter uma fotografia nossa, que iria manter na Sua casa. *Maam Yallà* estava muito longe no céu, mas estava perto. Todos os dias O mencionávamos em tudo o que fazíamos e esperávamos que fizesse parte das nossas vidas porque Ele era o nosso Deus avô. *Maam Yallà* e *Jamm* (paz) eram mencionados nas nossas saudações, antes e depois das nossas refeições, antes de viajarmos e nas nossas bênçãos. Maam Yallà era uma extensão da nossa família, uma parte integrante das nossas actividades diárias e foi partilhado com o meu amigo de infância Paap e muitos outros que eram muçulmanos. Não fazia diferença; quando estávamos a saltar, a gritar e a cantar sob a chuva, estávamos todos a falar com o mesmo avô, Maam Yallà.

Jamm, ou paz, liga todos os aspectos ou áreas da nossa visão do mundo, a nossa visão cósmica e as nossas interacções sociais. Tudo deve ser feito para preservar a paz em prol da harmonia entre os mundos visíveis e invisíveis, que estavam a interagir e nunca foram vistos como separados ou distintos. Assim como *Maam Yallà* estava em todos os lugares e em tudo o que fazíamos, também acreditávamos que os bons e os maus espíritos se misturavam nas nossas vidas terrenas e no mundo cósmico.

Canções, música e dança eram partes naturais do nosso crescimento - e tudo isso começava quando um bebé estava amarrado nas costas da sua mãe - que cantava enquanto fazia as tarefas. Era um mundo integrado em que as superstições e os tabus eram usados para proibir os jovens de fazer coisas perigosas, mas também para despertar a sua curiosidade e criatividade.

Um dia, comecei a frequentar aulas de catecismo na nossa capela local, pequena e católica romana e fui apresentado ao *Le Bon Dieu* ("O Bom Deus" em francês). Ele falava outra língua e aprendi sobre Ele numa sala de aula ensinada por padres franceses que eram os intermediários entre Ele e nós. O *Le Bon Dieu* era organizado, estruturado, intocável e inalcançável e deveria ser abordado em francês ou, melhor ainda, em latim. Ele ia ser estudado num livro ilustrado. *Maam Yallà* estava em todos os lugares e eu podia falar com ele na minha própria língua sobre todos os meus pequenos problemas e questões; ele estava no mundo cósmico, mas também estava comigo no parque infantil com os meus amigos.

Vivi em tensão entre o *Le Bon Dieu* e *Maam Yallà*, mesmo depois de me tornar um seguidor de Jesus Cristo. As canções, as orações e os ensinos na perspectiva de *Le Bon Dieu* eram muito celestiais, focados em questões altamente espirituais e expressos de forma sistemática e descritiva. Por exemplo, a expressão de Jesus: "Bem-aventurados os pobres de espírito", foi explicada como um incentivo para viver na pobreza física, a fim de ter riqueza espiritual. Sem que nos apercebêssemos, uma mentalidade de pobreza estava a ser desenvolvida em muitas das nossas mentes e a simplicidade no vestuário e na aparência era vista como um dos aspectos mais importantes dessa pobreza. A expressão de Jesus: "Bem-aventurados aqueles que têm fome e sede de justiça", era vista mais como viver em piedade, submissão e obediência do que um desejo de buscar justiça social num contexto onde muitos são oprimidos e vivem com injustiças.

As letras das canções de adoração eram estranhas para mim. Canções como: "Podem odiar-me, rejeitar-me, amaldiçoar-me aqui na terra. Não importa, pois a minha pátria está no céu. Irei para lá", ou "Branco como a neve; lavado no sangue de Jesus, serei branco como a neve". Estas duas canções são exemplos de uma teologia feita de escapismo e de irrelevância contextual. Percebi que a última música não era compreensível quando estava a cantar um dia em Ouagadougou, Burkina Faso, no coração do Sahel, onde a temperatura podia chegar aos 45 graus Celsius (120F) e onde ninguém que cantava naquele dia nunca tinha visto neve! *Le Bon Dieu* estava cada vez mais longe da nossa rotina diária, das nossas experiências e da nossa vida.

Em vários casos, senti-me como a mulher sirofenícia que estava disposta a pegar nas migalhas que caíam da mesa do mestre (Mateus 15:21-28). Percebi que tinha a abordagem errada; na verdade, o *Le Bon Dieu* era uma construção cultural desenvolvida para uma mentalidade específica e tive de olhar para ela como um dos assentos à mesa em vez de considerar que ela era a mesa em si. Durante anos, comportei-me como o jovem David quando conheceu o rei Saul e lhe disse que iria derrotar Golias. Naquele momento, o rei deu-lhe, na verdade, emprestou-lhe, a sua armadura: "E Saul vestiu a David das suas vestes, e pôs-lhe sobre a cabeça um capacete de bronze, e o vestiu de uma couraça. E David cingiu a espada sobre as suas vestes e começou a andar; porém nunca o havia experimentado; então, disse David a Saul: Não posso andar com isto, pois nunca o experimentei" (1 Samuel 17:38–39a).

David a receber uma armadura emprestada e tentar mover-se sem sucesso é uma imagem da minha luta em usar uma visão de Deus que não me cabia, porque não era feita para mim. Ao contrário de David - que era autêntico e corajoso o suficiente para dizer ao rei: "Não posso andar com isto porque nunca o experimentei. E David tirou aquilo de sobre si. E tomou o seu cajado na mão, e escolheu para si cinco seixos do ribeiro, e pô-los no alforje de pastor, que trazia, a saber, no surrão; e lançou mão da sua funda e foi-se chegando ao filisteu" (1 Samuel 17:39b-40). Durante anos tentei usar a armadura de outra pessoa até perceber que, assim como o teólogo camaronês Jean-Marc Ela disse, "nada me obrigava a estar diante de Deus usando uma humanidade emprestada".[8]

Desde a minha adolescência até ao dia em que Jesus me encontrou sentado sozinho no meu dormitório universitário, que ansiava por liberdade. Para mim, isso significava que tinha que ir a Deus como sou, na minha própria singularidade, na minha própria formação cultural e no meu próprio eu. Tive de deixar de lado qualquer humanidade emprestada ou interpretação de Deus. Eu estava à procura dessa liberdade através de diferentes prismas e lentes, mas depois vim a conhecer a Verdade e essa Verdade libertou-me. Em Jesus, e através da fé n'Ele, agora posso aproximar-me de Deus com liberdade e confiança (Efésios 3:12) e sentar-me à mesa no Reino de Deus (Lucas 13:29).

---

8. Jean-Marc Ela, My Faith as an African (Eugene, OR: Wipf and Stock Publishers, 1988).

QUESTÕES PARA REFLEXÃO

1. Quais são as suas primeiras impressões acerca de Jesus?

2. Quem foi influente no seu desenvolvimento espiritual?

3. O que é que acha sobre a possibilidade de Deus usar o Alcorão para levar alguém a Cristo? O que é que isso nos ensina sobre a graça?

4. Pensando na sua própria cultura, o que é que ela lhe ensinou sobre Deus?

2

BRANCA
A História de Carla

Não se pode ser mais branca ou europeia do que eu. A minha infância proporcionou-me experiências ricas que ajudaram a moldar e a formar as minhas ideias sobre Deus. Crescendo na cidade de Frankfurt, Alemanha, descobri que quase todos os dias eram uma experiência que preenchia os meus sentidos com a história do cristianismo. Às vezes digo às pessoas que acho que a Alemanha inventou o Natal - ou pelo menos muitas das tradições que as igrejas ocidentais ou protestantes seguem. O mercado de Natal enchia o centro da cidade, um lugar que era conhecido como o coração da Cidade Imperial Livre de Frankfurt, uma grande cidade do Sacro Império Romano-Germânico. Os locais da Römerplatz e da Catedral de Frankfurt, decorados para a temporada de férias, permanecem na minha memória e mesmo agora consigo sentir o cheiro do passado.

    A cidade em si era mágica durante a temporada de Natal e as tradições fizeram o seu caminho para a nossa casa, onde comemorávamos o Advento durante todo o mês de Dezembro. Sempre tivemos um calendário do Advento com pequenas janelas que eram abertas diariamente, bem como uma coroa de flores na qual acendíamos a vela todos os domingos. Tudo isso era em antecipação à chegada do menino Cristo na véspera de Natal. Iríamos à igreja onde recebíamos uma vela vermelha com um ramo do pinheiro, preso com gesso. As canções de Natal enchiam o ar enquanto a sala era iluminada à luz de velas. A noite terminava sempre com o hino "Stille Nacht" (Noite de Paz). Nessa altura, não entendia o significado da época, mas o meu coração de menina sentia-se aquecido ao imaginar a chegada de um bebé que estava enrolado e deitado numa manjedoura. Este era o Jesus da minha infância: doce, terno e inocente.

    Nem tudo na minha infância foi tão inocente e houve momentos de medo genuíno. Nasci no Verão em que o Muro de Berlim começou a erguer-se, a poucas horas de carro de onde vivíamos. Frequentei um jardim de infância e uma escola primária do Departamento de Defesa dos Estados Unidos (DOD) que estavam sempre debaixo de altos níveis de segurança. Éramos crianças de origens muito diversas que se reuniram para estudar por causa da nossa cidadania. Não havia segregação nessas escolas e mal sabíamos que havia problemas nos Estados Unidos. Juntos, estudámos felizes, crianças de todas as cores e origens, desfrutando das nossas amizades. Essa paz foi frequentemente perturbada por exercícios de ataque aéreo e até ameaças de bomba, que nos levava para casa durante o dia. Os pais dos meus colegas eram enviados para outras partes do mundo e as estradas à volta da nossa cidade tinham limites de velocidade para tanques. O inocente e doce Jesus dos meus primeiros anos não parecia ser poderoso o suficiente para tirar o terror do pensamento da guerra. A casa de ópera bombardeada no centro da cidade foi uma ferida aberta e um lembrete contínuo de que nada estava seguro.

Ao longo desses primeiros anos, vi vislumbres de Jesus através de diferentes experiências. A minha mãe tornou-se um reflexo de Jesus para mim por causa das formas como respondia ao que estava a acontecer no mundo. Ela parecia corajosa e capaz, enquanto era, ao mesmo tempo, compassiva. Uma noite, enquanto jantávamos, bateram à porta da frente. Eu devia ter cinco ou seis anos e lembro-me de seguir a minha mãe até à porta para ver quem tinha vindo. Sempre tive muita curiosidade e depois de ver o grande homem vestido de trapos à minha porta, a minha mãe mandou-me voltar para a cozinha para acabar de jantar. Ela não disse uma palavra, mas foi até ao armário, fez uma grande sandes, embrulhou-a em papel e levou-a até à porta. Eu sabia que ela tinha muito pouca comida em casa, mas foi generosa com o pobre homem que implorava em nossa casa. Olhei para a minha mãe maravilhada e tive um pequeno vislumbre de Jesus em acção.

Esta não seria a única vez que a minha mãe moldaria o meu pensamento sobre Jesus. Os meus pais organizaram um acampamento em Kaiserslautern, perto da grande base militar. Eles ministravam muitas vezes em alemão e em inglês a diferentes congregações. Cozinhar para grandes grupos era uma capacidade que a minha mãe tinha aprendido na quinta canadiana onde tinha sido criada. Ela partilhou esse dom com os outros enquanto organizava as refeições para os participantes.

Uma noite, um homem tropeçou na propriedade onde a reunião do acampamento estava a ser realizada. Ele estava mal vestido e as mãos estavam envoltas em trapos imundos. Os meus pais cumprimentaram-no e encorajaram-no a sentar-se e a jantar com todos nós. O homem era tímido e não tinha a certeza se deveria ficar. Ele parecia envergonhado com as mãos e a minha mãe perguntou se podia dar-lhes uma olhadela. Gentilmente, ela desembrulhou os curativos sujos e descobriu que ambas as mãos tinham feridas terríveis. Ao cuidar dele, descobriu que ele tinha sido um soldado alemão durante a guerra e que tinha passado grande parte do tempo na frente russa. Tinha sido dado como desaparecido, e depois morto, pelas autoridades. Ele esteve fora mais de cinco anos e quando voltou para casa depois de caminhar todo o caminho desde a Rússia, descobriu que a sua esposa se tinha casado novamente e que tinha uma nova família. Ele era sem-abrigo e vagueava há anos. Dia após dia, a minha mãe cuidou das suas feridas até que ele ficasse curado. Ela contou ao homem sobre o Jesus que ela amava e ele converteu-se, tornando-se organista na igreja que foi plantada na cidade. A compaixão do Jesus de que os meus pais falavam ganhou vida nos actos da minha mãe.

Doce, terno, inocente e compassivo - estas são as palavras que descrevem o Jesus dos meus primeiros anos, mas haveria um evento traumático que abalaria profundamente a minha fé. Aproximando-me do meu oitavo aniversário, soube que nos iríamos mudar para os Estados Unidos. Eu tinha lá ido duas vezes, mas o país parecia distante, estrangeiro e enorme. Tudo na América parecia diferente para mim. Lembro-me de pensar que as casas pareciam todas temporárias porque eram feitas de madeira. Eu vivia numa cidade com edifícios com quase mil anos de idade e nada na América existia há tanto tempo!

Não pudemos levar muito connosco quando saímos e lembro-me da minha antiga casa de bonecas a ser-me retirada e posta lá fora. Alguns rapazes vizinhos vieram, deixaram-na em pedaços e eu chorei. No dia em que saímos, vesti o meu pequeno sobretudo verde e segurei na minha boneca com força. Os nossos queridos amigos alemães foram ao aeroporto e cantaram "Gott Sei Mitt Euch" (Deus esteja convosco até que nos encontremos novamente) e eu senti como se o meu coração estivesse a ser arrancado do meu peito. Como é que Deus me pôde pedir para deixar tudo o que amava de forma tão violenta? De repente, Jesus já não parecia doce, terno, inocente e compassivo e o medo ficaria colado ao meu coração para se tornar no meu novo companheiro.

Chegámos à área da baía da Califórnia no verão de 1969. O choque cultural não poderia ter sido muito mais radical quando encontramos este novo mundo estranho. As pessoas eram amigáveis e falavam inglês, mas eu nem sempre entendia o que elas queriam dizer com as palavras que usavam e certamente não sabia como me encaixar. No meu primeiro dia de escola, fiquei petrificada. Chorei, tentando conter os soluços enquanto os meus pais me deixavam para navegar naquele novo ambiente. As crianças gozaram com o meu sotaque canadiano (aprendi a falar inglês com a minha mãe) e riram da camisola de crochê que usava. A comida na minha lancheira era saudável, mas parecia estranha em comparação com os bolos e batatas fritas que os outros tinham. As imagens de Jesus eram retiradas da minha mente enquanto tentava lidar com um mundo totalmente novo, imaginando como me encaixaria.

O Natal chegou e o Jesus que fazia parte da minha infância tornou-se uma memória mais distante. Alguém da igreja pensou que nos iria ajudar com o nosso choque cultural e por isso trouxe-nos uma árvore de Natal "com aparência natural". Tinha neve falsa e não nos fazia lembrar de casa. As tradições tinham desaparecido, não havia mercado de Natal, e estava quente lá fora.

Depois de apenas treze meses, o meu pai foi chamado para uma igreja noutro estado, Idaho, e a transição continuou. Outro primeiro dia de aulas. Outro dia de lágrimas. Então, depois de duas semanas, tive que me mudar para outra escola por causa das mudanças de fronteiras e as lágrimas inundaram-me novamente. Um ano depois, uma experiência com uma escola do sexto ano e tive que me mudar novamente. Mais lágrimas. O sétimo ano começou noutra escola e pensei que estava a ir tudo bem até que, ao faltar um mês para acabar o ano lectivo, os meus pais anunciaram que nos iríamos mudar outra vez, para Kansas City. E sim, mais lágrimas.

Ao longo de toda a minha educação infantil, frequentei treze escolas diferentes, os medos dentro de mim continuaram a crescer e as camadas de protecção à volta do meu coração ficaram mais espessas. Eu ia à igreja e fazia todas as coisas certas, não porque conhecia Jesus, mas porque queria ser aceite. Os pensamentos acerca de Jesus eram agora distantes.

De alguma forma, sou sempre atraída de volta para a minha mãe como a figura central no meu desenvolvimento espiritual. Sei que ela nunca desistiu de orar por mim, ou por qualquer um dos seus filhos. Um verão, fui para um acampamento de adolescentes com um grupo de amigos. Mais uma vez, estava a tentar ser aceite, a tentar perceber como me encaixar, enquanto a minha vida alemã parecia sempre agarrar-se a mim. Não percebia as piadas e não conhecia os programas americanos de televisão. A nossa família não comia a mesma comida, nem tinha férias como os meus amigos americanos. A minha mãe costurava as minhas roupas, mas eu queria comprá-las nas lojas e tudo isso afectou a forma como eu via Jesus. Porque é que Ele me tornaria tão estranha? E lá estava eu no acampamento, com a minha audição abafada pela cultura que queria que me aceitasse, quando Jesus chamou a minha atenção.

Mais uma vez, deve ter sido a minha mãe, porque não tenho nenhuma ideia do que o pregador disse naquela noite, mas senti-me atraída para Jesus. Este não era o Jesus da minha infância, mas um Jesus que me estava a estender a mão no meio da minha angústia adolescente. Tentei correr, deixando o santuário e encontrei um amigo lá fora. Conversámos e eu disse-lhe que achava que tinha de regressar e dar a minha vida a Jesus. Naquela noite, lutei simplesmente entre passar pelos movimentos da religião que me tinha sido entregue ou conhecer Jesus de uma forma pessoal. A graça preveniente deve ter tocado no meu coração e eu sabia que precisava de responder. Regressando, voltei para o santuário, abri o meu coração, profundamente protegido, a Jesus. Aquela noite mudou a minha vida e as minhas ideias sobre Jesus.

Havia tanta coisa sobre a vida na América que ainda não entendia. Eu ouvia rádio em Kansas City e ouvia sobre a taxa de homicídios. Estava aterrorizada e com dificuldades em dormir à noite, convencida de que alguém entraria na nossa casa e nos mataria. Na Alemanha, tínhamos grandes persianas que fechavam as janelas à noite, mas na América, não havia cobertura.

Até agora, na maioria das vezes, eu e a minha mãe éramos as únicas pessoas em casa, com os meus irmãos formados ou na faculdade e o meu pai em viagem pela igreja. Finalmente admiti à minha mãe que não conseguia dormir e que muitas vezes tinha medo. Ela entrou no meu quarto e leu para mim o Salmo 4:8: "Em paz também me deitarei e dormirei, porque só tu, Senhor, me fazes habitar em segurança". De repente, foi como se Jesus enchesse o meu quarto. Quando tinha dificuldades em dormir à noite, olhava e Jesus era tão real como alguém que estava sentado na cadeira de baloiço, cuidando de mim. Aos poucos, as minhas primeiras impressões do doce, terno, inocente e compassivo Jesus começaram a voltar.

É interessante como tanto da nossa compreensão de Cristo vem do mundo em que vivemos. Todos temos experiências e caminhos diferentes através da vida, mas de alguma forma, a graça preveniente de Deus está sempre presente, atraindo-nos para uma relação de amor santo com Ele e com o mundo. Não importa quem somos ou de que cultura viemos, Deus está lá. Nenhum caminho para Cristo é melhor do que o outro, pois em Deus experimentamos a diversidade. Quando abraçamos as expressões de Cristo que aprendemos com as nossas experiências culturais e de vida, descobrimos que somos convidados a trazê-las para a mesa, onde podem ser distribuídas como testemunho da bela diversidade no corpo de Cristo. Portanto, não posso dizer à minha herança alemã: "não preciso de ti". Nem posso ignorar a minha vida americana, pois ela ajudou a moldar-me. E finalmente, quando aprendi a falar russo, uma nova imagem de Cristo foi aberta para mim através da riqueza da linguagem.

Em 1991, a igreja pediu-me a mim e ao meu marido para considerarmos uma mudança para a Rússia. Para a menina que estava aterrorizada com o Muro de Berlim, esse pedido era demasiado, mas no momento em que nos pediram para ir, a paz de Deus tomou conta de mim de uma forma inexplicável. Deus tirou o meu medo e substituiu-o por amor de uma forma que me carregou durante treze anos de serviço num lugar onde provavelmente deveria ter tido medo. Mesmo quando ouvíamos tiros lá fora e o eco constante dos alarmes dos carros, eu baixava a cabeça e descansava.

Os russos muitas vezes referem-se à sua língua como *bogatyy*, que significa "rico". Basta pesquisar no Google a palavra "ir" e encontrará 69 verbos diferentes que podem ter o mesmo significado em russo. Tudo depende se está a ir a pé, de veículo, a começar a ir, com a intenção de voltar, ir e voltar regularmente, apenas ir e nunca mais voltar, etc. Esta linguagem não é fácil de aprender, exigindo anos de estudo, mas uma vez que entra no seu coração e mente, abre uma compreensão de Cristo que assume uma nova vibração de compreensão.

Esta linguagem deveria estar fora do meu alcance, mas parecia encontrar um lar na minha mente. Mal eu percebi que era um dom de Deus colocado sobre mim desde a minha infância. No ano em que nasci, os meus pais estavam ocupados a começar uma escola bíblica em Frankfurt. A minha mãe foi uma das primeiras professoras do programa e teve de encontrar alguém para cuidar de mim.

Uma das primeiras crentes na igreja na Alemanha foi a senhora Kühne, que deu a sua vida ao Senhor enquanto estava na mesa da sala de jantar com a minha mãe. Esta querida senhora tornou-se na minha avó alemã, pois cuidou de mim enquanto era bebé, mas também durante toda a minha infância. Como a minha mãe tocava órgão na igreja, os quatro filhos eram distribuídos por toda a congregação com os membros da nossa família substituta alemã. Eu tratava a senhora Kuhne por Katushka e ela abraçava-me na igreja e mantinha-me quieta com um bom chocolate alemão todos os domingos de manhã. Esta querida avó alemã até veio para a América para ser minha avó no meu casamento!

Quando eu e o meu marido, Chuck, estávamos a caminho da Rússia, parámos na Alemanha para visitar a Katushka. Lá, sentámo-nos e falámos em alemão, relembrando os meus anos de infância. De repente, ela parou, olhou para mim e disse: "Sabes que eu não sou alemã, não é?". Eu sempre soube no fundo da minha mente que ela era russa, mas isso não tinha ficado realmente gravado porque ela era a minha avó alemã. Ela continuou a dizer: "Quando eras bebé, eu costumava cantar-te canções em russo para adormeceres". Por fim, ela disse:

"Durante trinta anos orei para que a minha igreja pusesse para trás a Cortina de Ferro e falasse à minha família sobre Jesus. Nunca pensei que o bebé de quem cuidava iria para a Rússia".

Pouco tempo depois, pude conhecer Magda Alexandrovna, a irmã mais nova de Katushka, que morava em Moscovo e contei-lhe sobre Jesus. Assim como a minha mãe levou Katushka ao Senhor, pude orar com a sua irmã na mesa da cozinha, em resposta a uma oração de trinta anos. Pude aprender a falar porque os meus ouvidos de criança estavam sintonizados com a bela e rica língua russa desde o momento do meu nascimento.

A Rússia da década de 90 foi frequentemente descrita como o Velho Oeste. A vida era caótica à medida que as nações recém-independentes criavam leis, padrões económicos e infra-estruturas para apoiar um novo paradigma. De um dia para o outro, vivia-se com ambiguidade, perguntando se se poderia estar preso numa fronteira recém-formada, ter o carro confiscado, ou dar por si deportado por causa de alguma nova lei. No meio deste caos, a Rússia ajudou-me a conhecer Cristo de forma mais profunda.

Há um antigo ditado russo que diz: "não se viu beleza que não tenha visto Moscovo". Durante o período de Pushkin, se tivesse visitado Moscovo, teria ficado maravilhado/a com a beleza do horizonte coberto com cúpulas douradas da igreja a brilhar ao sol. A beleza e o cristianismo fundiram-se numa visão quase demasiado gloriosa para contemplar.

A palavra para a cor vermelha também tem as suas raízes na palavra beleza. Portanto, no centro de Moscovo, encontra-se a Praça Vermelha - não porque simbolize o comunismo, mas porque a cidade tinha as suas raízes na beleza da participação com Deus. Os portões do Kremlin eram cristãos em nome, desde a Torre do Portão da Trindade até à Torre da Anunciação. Todas as semanas os russos têm um sabat e celebram a ressurreição no Domingo, uma vez que estas são as palavras literais para aqueles dias da semana. Esta é uma linguagem muito rica que proporciona uma expressão única da beleza encontrada numa relação entre Deus e a humanidade.

A Rússia apresentou-me aos pais da igreja primitiva e aos volumes das suas obras produzidas em russo. Aqui comecei a aprender sobre o gracioso convite de Deus encontrado na segunda epístola de Pedro: "Visto como o seu divino poder nos deu tudo o que diz respeito à vida e piedade, pelo conhecimento daquele que nos chamou por sua glória e virtude, pelas quais ele nos tem dado grandíssimas e preciosas promessas, para que por elas fiqueis participantes da natureza divina, havendo escapado da corrupção, que, pela concupiscência, há no mundo» (2 Pedro 1:3-4). Esta linguagem de participação foi intrigante para mim quando descobri que Jesus me proporcionou uma forma de ter uma comunhão íntima com o Deus trino. Quanto mais real Cristo Se tornava para mim, mais desejava conhecê-Lo. Seguir e imitar Jesus tornou-se a meta da minha vida.

Gregório de Nissa, um dos pais da igreja, escreveu *On Perfection*, que foi muito bem traduzido para inglês pelo meu ex professor no Seminário Teológico Nazareno, Dr. Paul Bassett.[1] O que aprendemos na sua escrita é que através da prática da virtude "tornamo-nos uma imagem da imagem, tendo alcançado a beleza do Protótipo [que é Cristo] através da actividade como uma espécie de imitação, como fez Paulo, que se tornou um 'imitador de Cristo' [1 Coríntios 4:16] através da Sua vida de virtude".[2] Por outras palavras, quanto mais tempo passamos em comunhão íntima com Deus e a imitar Cristo, mais nos

---

1. Ver Paul M. Bassett, *Holiness Teaching: New Testament Times to Wesley*. Vol. 3 of *Great Holiness Classics* (Kansas City: Beacon Hill Press of Kansas City, 1997).
2. Nyssen, DP (GNO III.I) (FC, 111).

tornamos como Ele e o resultado é um reflexo da beleza do Senhor para o mundo.

Gregório de Nissa continuou esse assunto no seu *Commentary on Song of Solomon*, dizendo que "ao te aproximares da Beleza inacessível [Cristo], tornas-te lindo e, como um espelho, por assim dizer, assumes a minha aparência",[3] significando a bela aparência do Noivo. "Por isso a Palavra diz-lhe: Tornaste-te justo porque chegaste perto da minha luz e por esta proximidade a mim atraíste esta participação na beleza".[4] A participação na beleza de Cristo pode, potencialmente, transformar todos os aspectos da vida.[5]

À medida que ia lendo o comentário de Nissa, fui sendo atraída por essa compreensão da participação no amor santo de Deus. Ele escreveu sobre a bela noiva: "Por uma ferida deliciosa ela recebe o dardo especial d'Ele no seu coração; e depois, ela mesma se torna a flecha na mão do Arqueiro, que com a mão direita puxa a flecha para perto de si e com a esquerda dirige a ponta para o alvo celestial."[6] As feridas da vida que podem ser preenchidas com o amor divino trazem cura de dentro para fora. Este é o santo amor de Deus que unge as feridas. As feridas que resultaram dos temores que tive ao longo da vida poderiam agora tornar-se recipientes abertos, prontos para a cura divina de Deus. "Ao ser preenchida com o amor do arqueiro, a cabeça [da noiva] está agora virada para o céu e o foco de toda a sua atenção torna-se o noivo. A transformação já não é o objectivo; Ele é o objectivo."[7]

---

3. Nyssen, CC, Homily 4 (PG 44:832–33c) (GNO VI), trans. Musurillo, 171.
4. Nyssen, CC, Homily 4.
5. Carla D. Sunberg, *The Cappadocian Mothers: Deification Exemplified in the Writings of Basil, Gregory, and Gregory* (Eugene, OR: Pickwick Publications), 143.
6. Nyssen, *CC,* Homily 6 (PG 44:888c–893c) (GNO VI), trans. Musurillo, 198.
7. Sunberg, *Cappadocian,* 147–48.

A minha compreensão de Cristo mudou radicalmente quando compreendi que o caminho da vida é aquele em que nos podemos apaixonar continuamente pelo Noivo. Os desejos e as paixões na vida devem ser para Jesus Cristo e somente para Ele. Agradeço aos meus irmãos e irmãs russos que me ensinaram a cantar de todo o coração, *Lublu Tebya* ("Eu Te amo, Senhor"), porque reflecte a riqueza e a beleza de conhecer Cristo.

A totalidade desta jornada permite-me perceber que há sempre algo mais fora do meu alcance. Quando estamos a participar da vida com um Deus eterno, haverá sempre mais para aprender e entender. Essa é a beleza do que acontece quando o branco encontra o castanho.

QUESTÕES PARA REFLEXÃO

1. Que experiências de infância moldaram a sua compreensão de Jesus?

   _____
   _____
   _____

2. Como é que a sua percepção de Jesus foi de encontro às suas necessidades ao longo da vida e como é que ela mudou ao longo do tempo?

   _____
   _____
   _____

3. Quem é que representou Cristo para si?

   _____
   _____
   _____

4. Como é que a língua ou as línguas que fala influenciam a sua compreensão de Deus?

   _____
   _____
   _____

3
DE QUE COR
É O MEU JESUS?

Carla

Depois de passar meses no continente africano, percebi que as minhas noções tradicionais sobre Cristo estavam a ser desafiadas. Comecei a questionar-me se o Jesus que conhecia e amava era baseado na minha própria construção social e se estava aberta a expandir esses limites.

Como mencionei antes, cresci na Alemanha, onde os meus pais eram missionários. Não tínhamos muitos recursos financeiros, mas a minha mãe certificava-se sempre de que éramos bem cuidados e isso incluía uma boa aparência. Na altura, eu não gostava das capacidades de costura da minha mãe porque queria roupas compradas em loja. Não tinha percebido que a minha mãe tinha sido treinada como costureira e feito roupas muito melhores do que aquelas vendidas nas lojas. Eu era a única rapariga na família e ela gostava muito de fazer vestidos bonitos para mim. Esses lindos vestidos faziam-me sentir especial e amada pela minha mãe, especialmente aqueles vestidos fluídos, daqueles que se levantam quando a pessoa gira.

Em Génesis 37:3, encontramos um pai que tinha algo muito especial costurado para o seu filho. Podia não se levantar quando girava, mas era uma bela túnica, com muitas cores ou com mangas longas e fluidas, uma peça de roupa que significava realeza. O pai mandou fazê-la para ele, porque ele era o filho da sua esposa mais amada. Significava uma posição de autoridade e isso criou tensão entre os irmãos. Eventualmente, o ciúme deles subiu a tal ponto que planearam matá-lo. Cheios de inveja, eles não podiam ver o irmão como ele realmente era e, por fim, os seus próprios irmãos venderam-no como escravo. Eles pegaram na sua linda túnica, o símbolo do seu estatuto real e mergulharam-na em sangue - na esperança que parecesse que um animal o tinha matado. E profanaram o canto formoso, tornando-o imundo, e declararam morto o irmão. Foram precisas décadas e muitas lições de vida até que a família se pudesse reunir novamente.

Tenho o privilégio de servir a Igreja do Nazareno como superintendente geral. Desempenhar este trabalho tem sido um desafio, pois tenho mudado e expandido de formas que não poderia ter imaginado. Cada um dos seis superintendentes gerais tem uma área de "jurisdição"— internacionalmente e nos E.U.A. A minha primeira missão internacional foi em África. Foi uma verdadeira bênção, porque os meus queridos irmãos e irmãs me ensinaram muito sobre a Igreja e sobre a vida. Isso inclui muitas conversas nas quais falamos sobre Jesus e as formas como O vemos. Todos temos uma lente particular através da qual vemos a vida, outras pessoas e até os nossos amigos.

Dany apresentou-me a autora e romancista nigeriana Chimamanda Adichie. Numa "TED talk", ela fala sobre o perigo do que apelida de "história única". Ela diz: "mostre às pessoas uma coisa vez após vez e será nisso que elas se tornarão".[1] Ela adverte que corremos o risco de um mal-entendido crítico e cultural quando não conseguimos entender que cada vida, cada situação, tem a sua própria história sobreposta. Qual é o perigo de uma "história única"? Adichie diz,

> A "história única" cria estereótipos e o problema com os estereótipos não é que eles sejam falsos, mas que são incompletos. Quando ouvimos a mesma história repetidamente, ela torna-se na única em que acreditamos. E isto é especialmente verdadeiro para a história de África. Muitas vezes ouvimos esta versão - África, o "país" mais pobre do mundo, onde existem apenas paisagens rurais e onde as pessoas vivem aterrorizadas entre os animais selvagens. Muitas vezes tratamos África como uma narrativa, uma que temos promovido ao longo de gerações e gerações, tornando-se tão institucionalizada que mesmo aqueles que se formaram em universidades às vezes escorregam e se referem a África como um país ou à sua língua como "africana". Este é o perigo de uma "história única" e traz à mente uma citação do escritor americano Alvin Toffler: "os analfabetos do século XXI não serão aqueles que não sabem ler e escrever, mas aqueles que não conseguem aprender, desaprender e reaprender".[2]

Devemos aprender a desaprender estereótipos perpetuados para nos permitir ver que há mais do que essa narrativa - em relação a qualquer coisa, na verdade. Adiche continua a dizer: "as histórias são importantes. Muitas histórias são importantes. As histórias têm sido usadas para desapropriar e difamar, mas as

---

1. Chimamanda Adichie, *The Danger of a Single Story*, TED Talk 2009, https://www.ted.com/talks/chimamanda_ngozi_adichie_the_danger_of_a_single_story?language=en.
2. Alvin Toffler, *Future Shock* (New York: Bantam Books, 1970).

histórias também podem ser usadas para capacitar e humanizar. As histórias podem quebrar a dignidade de um povo, mas as histórias também podem reparar essa dignidade quebrada".[3]

Quando nos reunimos como povo de Deus, seja em África, na América do Sul, na Europa ou na Índia, temos uma história! Mas, ao mesmo tempo, devemos reconhecer que essa história pode não ser a mesma história que algumas igrejas adoptam - muitas delas moldadas e marcadas por influências e experiências culturais da Europa Ocidental e dos E.U.A. Houve aspectos da fé euro-americana que influenciaram as formas como imaginamos Cristo na nossa própria igreja e este pode ser o perigo de ter uma "história única".

Por crescer na Europa, sempre vi Jesus como sendo branco. Lembro-me de me mudar para a Rússia e ver um ícone particular de Cristo, Image Not-Made-By-Hands [Imagem Não Feita à Mão], no Kremlin pela primeira vez. Este é um dos primeiros ícones da igreja e a história diz que um monge em particular queria pintar um ícone de Cristo, mas estava com dificuldades na maneira de o fazer. Ele jejuou e orou, e uma noite, Cristo visitou-o no seu quarto. Agarrando numa toalha, Jesus colocou-a sobre o rosto e, quando a deitou, ali estava o Seu rosto - o de um homem muito escuro.[4] Naquele momento, percebi que esta era provavelmente uma representação muito mais próxima do Cristo real do que aquela que eu tinha criado na minha imaginação.

Sem percebermos o que está a acontecer, o perigo de uma "história única" significa que podemos começar a formar Cristo à nossa própria imagem. É por isso que temos de nos fazer perguntas difíceis sobre se houve uma história mais dominante. Frantz Fanon, escritor de estudos pós-coloniais, conta que um

---

3. Adichie, *Danger*, TED Talk.
4. "Icon Acheiropoieta," https://en.wikipedia.org/wiki/Acheiropoieta.

complexo de inferioridade se desenvolve quando há um "ensinamento inconsciente e anti-natural a pessoas negras, desde a primeira infância, para associar a 'negritude' à 'injustiça'".[5] Isto foi-me ilustrado quando os meus colegas sul-africanos me disseram que durante o Apartheid, as crianças negras e de cor queriam crescer para se tornarem brancas. O perigo de uma "história única" começa a desdobrar-se quando usamos uma série de cores para contar a história do Evangelho, onde o preto é mau e representa o pecado e o branco é um coração purificado e representa tudo o que é bom. Quando apresentamos Cristo de modo particular, enquadrado por uma cultura, aproximamo-nos perigosamente da possibilidade de criar um complexo de inferioridade naqueles que não são da dominante "cultura de Cristo". A partir da história encontramos o extremo onde muitos colonialistas não acreditavam que as pessoas de cor fossem criadas à imagem de Deus e isso dava-lhes autorização para tratar as pessoas de cor como se não fossem humanas, referindo-se a elas com termos pejorativos como "pagãos".

Passando tempo por todo o continente africano, vi Cristo reflectido na beleza da rica diversidade. A diversidade de adoração, canto, vestuário, linguagem e cultura inunda os sentidos numa igreja que em breve se tornará o centro de gravidade para o cristianismo neste mundo. Philip Jenkins diz que o cristianismo é "uma religião que começou na África antiga e que nos nossos dias escolheu ir para casa".[6] Jenkins declara que todas as denominações do mundo estão num estado de transição e a principal influência para a mudança virá do sul global para o norte global. Este é o momento de ouvir as vozes uns dos outros e permitir que Deus nos forme de novas formas.

---
5. Fanon, *Black Skin, White Masks*.
6. Philip Jenkins, "The Future of Seminaries and Churches" (San Antonio, Texas, February 9, 2015), to ATS presidents.

Permitam-me que regresse a África onde, tal como José, me contaram as histórias da beleza que foi despojada quando milhões foram vendidos como escravos e forçados a adoptar formas europeias. Eu estava na "Porta do Não Retorno" na Ilha Goree, no Senegal, o ponto mais ocidental do continente de África, onde milhões eram enviados, separados dos seus entes queridos e tratados de forma desumana - muitas vezes por aqueles que se auto-denominavam cristãos.

No texto bíblico, descobrimos que a família de José estava a lutar para sobreviver. A fome tinha chegado e, pouco a pouco, estavam a ficar sem recursos. Eles estavam a morrer de fome e tiveram de viajar para uma nova terra para encontrar comida. "Então, disseram uns aos outros: Na verdade, somos culpados acerca de nosso irmão, pois vimos a angústia de sua alma, quando nos rogava; nós, porém, não ouvimos; por isso, vem sobre nós esta angústia. E Rúben respondeu-lhes, dizendo: Não vo-lo dizia eu, dizendo: Não pequeis contra o moço? Mas não ouvistes; e, vedes aqui, o seu sangue também é requerido" (Génesis 42:21–22).

O que vemos é que aqueles que têm uma "história única" estão a lutar pela sobrevivência. A igreja branca na América está em declínio em cada denominação. O modelo atractivo de crescimento da igreja encorajou-a a ser singular no seu foco porque um grupo homogéneo deveria crescer mais rápido. Às vezes, comprometemo-nos e alinhamo-nos com poderes que pensávamos poder proteger a Igreja e ajudá-la a sentir-se segura. Tudo isso foi às custas das nossas irmãs e irmãos que se sentiram alienados e marginalizados. O que é que isso significa para uma Igreja de santidade neste tempo e lugar? Significa que devemos seguir a humildade de Cristo, estendendo a mão aos nossos irmãos e irmãs que estiveram à margem e, juntos, voltarmos para casa.

Vamos avançar para o Novo Testamento. Na carta de Paulo à igreja de Éfeso, encontramos a nossa eclesiologia. Este é um vislumbre do tipo de Igreja que devemos ser. Paulo, que foi chamado para ser um missionário aos gentios, defendeu, muitas vezes, aqueles que não eram exactamente como ele. Ele percebeu que era um homem a quem tinham sido dadas muitas vantagens na vida e, de uma perspectiva mundana, tinha inúmeras razões para se vangloriar. "Ainda que também podia confiar na carne; se algum outro cuida que pode confiar na carne, ainda mais eu: circuncidado ao oitavo dia, da linhagem de Israel, da tribo de Benjamim, hebreu de hebreus; segundo a lei, fui fariseu, segundo o zelo, perseguidor da igreja; segundo a justiça que há na lei, irrepreensível. Mas o que para mim era ganho reputei-o perda por Cristo" (Filipenses 3:4–7).

Para Paulo, Cristo tornou-Se o ponto central à volta do qual o Evangelho se deve focar. Nada mais lhe interessa, a não ser conhecer Cristo. No entanto, há momentos em que sentimos que estivemos à margem, e nem sempre nos sentimos confortáveis a tentar falar com os poderes no centro. Por outro lado, há também aqueles que estiveram no centro, que, como Paulo, perceberam que o sucesso e o poder mundanos não são nada quando comparados a Cristo. E em Cristo, a Igreja deve ser algo novo, algo diferente.

Toda a Igreja tem um passado e todos somos chamados a humilhar-nos e a pedir perdão pelos tempos que não ouvimos, não demos voz àqueles que não a tinham ou que não praticámos a igualdade. A boa notícia é que Paulo nos dá um pequeno vislumbre da esperança de ser encontrado na Igreja.

Na sua carta aos Efésios Paulo escreveu:

> A mim, o mínimo de todos os santos, me foi dada esta graça de anunciar entre os gentios, por meio do evangelho, as riquezas

incompreensíveis de Cristo e demonstrar a todos qual seja a dispensação do mistério, que, desde os séculos, esteve oculto em Deus, que tudo criou; para que, agora, pela igreja, a multiforme sabedoria de Deus seja conhecida dos principados e potestades nos céus, segundo o eterno propósito que fez em Cristo Jesus, nosso Senhor, no qual temos ousadia e acesso com confiança, pela nossa fé nele.

(Efésios 3:8–12)

Torna-se claro que a Igreja tem um papel único a desempenhar na revelação do mistério de Deus. Este é um mistério de ministério entre todas as pessoas, que é para inaugurar uma nova era. Naquele momento, a Igreja é transformada e as Suas acções são repentinamente expostas para todos verem. Não só neste mundo, mas os espectadores nos reinos celestiais estão focados e voltados para o que Deus está a fazer através da Sua noiva, a Igreja.

O que acontece na Igreja é destacado, como se estivesse no centro do palco, pois a sabedoria de Deus manifesta-se na diversidade variada e multi-facetada para que toda a terra e o céu vejam. Muitas outras traduções perdem o que realmente está aqui a ser dito. Elas concentram-se na sabedoria de Deus, mas a palavra original para "variedade rica" é a mesma palavra usada na versão grega do Antigo Testamento para descrever a túnica de José de muitas cores. É usada apenas uma vez no Novo Testamento, e neste lugar, torna-se uma nuance que nos permite perceber que a Igreja tem um papel único a desempenhar. Na Igreja, todas as coisas devem ser unidas numa só, através do amor. Esta é uma santa unidade que testemunha o amor encontrado no Deus trino.

A Igreja é parte do plano divino de Deus - sem reflexão posterior, mas tecida na textura da história desde o início. E agora, todo o povo de Deus é convidado, não apenas como espectador, mas também como participante, cada um desempenhando um papel na reflexão do carácter de Deus para o mundo. A Igreja carrega sobre os ombros uma responsabilidade divina. Ela não é apenas uma organização empresarial, mas o instrumento através do qual Cristo escolheu revelar os mistérios de Deus a este mundo. A Igreja não deve ser como o mundo. Em vez disso, deve ser uma bela túnica de retalhos com mangas compridas, símbolos da realeza, composto pela diversidade multi-facetada deste mundo que Deus une no Seu Reino.

Qual é a aparência disto no sentido prático? Devemos ser um povo reunido de todas as nações, tribos, cores e géneros e unidos em Cristo. A Igreja deve ser capaz de realizar o que as autoridades governamentais não conseguem realizar. As negociações para a paz e uma mutualidade que leva à adoração de Deus devem ser destaques da vida na Igreja.

A bela túnica foi limpa pelo sangue do Cordeiro. Temos nas nossas mãos a capacidade de redimir o que foi ferido. É muito fácil recuar para as nossas zonas de conforto porque a mudança requer trabalho. Na realidade, muitas pessoas têm uma necessidade desesperada de Cristo e do mistério divino da Igreja que transformaria as suas vidas.

Há lições a serem aprendidas com a experiência de José. Enquanto a igreja branca, e quase qualquer igreja homogénea, está em declínio, há um mistério divino a ser revelado. O mistério divino da Igreja está em abraçar a diversidade multicultural - preto e branco, hispânico e asiático, imigrante e cidadão de longa data. É assim a aparência da túnica de muitas cores. Este é o momento para a Igreja se humilhar e perceber que se privou da bela diversidade que Deus pretendia.

Como é este futuro? Talvez se pareça um pouco com Marcus Samuelsson. Vai encontrá-lo na *Food Network*. Ele é um chefe sueco nascido na Etiópia que vive e trabalha em Nova Iorque. Ele tornou-se num famoso chefe por causa da sua capacidade única de transpor as intersecções da sua vida para a sua comida. Adoptado por pais suecos, viajou pelo mundo com o pai, que trabalhou como geólogo. Mais tarde, passou um ano a cozinhar num navio de cruzeiro, aprendendo os sabores de muitas nações. Chegando a Nova Iorque, fez algo que ninguém tinha feito - usou a base da culinária sueca e acrescentou-lhe os sabores complexos que experimentou em todo o mundo - inventando um novo tipo de culinária que lhe rendeu inúmeros elogios.

Esta é uma época de mudança e deve ser mais do que um programa - deve tornar-se num modo de vida. Recentemente, enquanto estava num avião, passou um filme sobre um homem sem-abrigo no sul e um empresário rico que tinha sido arrastado para um ministério para os sem-abrigo pela sua esposa. Enquanto se sentavam juntos durante uma refeição num abrigo, o sem-abrigo fez-lhe algumas perguntas.

"O que estamos aqui a fazer? Porque é que estamos a comer juntos e para onde é que isto vai?". Ele continuou: "Ouvi dizer que pessoas como vocês gostam de pescar, só que o fazem por desporto. Vocês apanham os peixes, olham para eles, e voltam a atirá-los para a água."

O empresário respondeu: "Sim, isso é chamado de 'pegar e largar'."

O sem-abrigo continuou: "Deixe-me dizer o que costumávamos fazer onde cresci. Quando íamos pescar, era com um propósito. Queríamos pescar o melhor peixe que pudéssemos naquele dia, e quando pescávamos um, enrolávamo-lo e carregávamo-lo até casa. Em todo o caminho para casa parávamos para mostrar aos nossos amigos o que tínhamos capturado. Ao chegar a casa, mostrávamos, orgulhosamente, o peixe à nossa mãe, que com prazer o preparava para o jantar. Convidámos os nossos amigos para se juntarem a nós e para apreciarem o que tínhamos apanhado. Então, deixe-me perguntar-lhe novamente o que estamos a fazer aqui. É 'pegar e largar', ou vai levar-me para casa?"

Durante demasiado tempo tivemos programas e ênfases que nos ensinaram a 'pegar e largar'. Mudanças reais significam que devemos levar-nos uns aos outros para casa, praticar hospitalidade genuína e incorporar os nossos irmãos e irmãs nas nossas vidas, partilhando-os orgulhosamente com os nossos amigos e vizinhos.

> Então, José não se podia conter diante de todos os que estavam com ele; e clamou: Fazei sair daqui a todo varão; e ninguém ficou com ele quando José se deu a conhecer a seus irmãos. E levantou a sua voz com choro, de maneira que os egípcios o ouviam, e a casa de Faraó o ouviu. E disse José a seus irmãos: Eu sou José; vive ainda meu pai? E seus irmãos não lhe puderam responder, porque estavam pasmados diante da sua face. E disse José a seus irmãos: Peço-vos, chegai-vos a mim. E chegaram-se. Então, disse ele: Eu sou José, vosso irmão, a quem vendestes para o Egito.
>
> (Génesis 45:1-4)

Todos amamos quem somos e de onde viemos, mas Deus quer tomar o que fomos e acrescentar alguma coisa, fazendo algo novo e melhor. Este é um novo dia de multiculturalismo que nos une como um povo de Deus e nos leva a um lugar onde falamos aos poderes e autoridades deste mundo de novas formas. A nossa oração é para que possamos ser um povo de santa ousadia, abraçando-se no amor de Deus. As cenas apresentadas não estarão em harmonia com as do mundo, mas destinam-se a deixar os espectadores admirados com a Igreja de Jesus Cristo!

Quero ver a Igreja vestir aquela linda túnica - a que se levanta quando giramos, com muitas cores e mangas compridas. Não será fácil e a mudança tem que começar comigo. A minha visão de Jesus expandiu-se porque fui abençoada por encontrar os meus irmãos e irmãs de todo o mundo. A semelhança de Jesus Cristo, a imagem de Deus, reflecte-se em cada pessoa que Deus criou, e quanto mais nos conhecemos, mais conhecemos Cristo. De repente, o meu Jesus não é apenas branco, mas engloba todas as cores deslumbrantes encontradas na criação.

As palavras de Alvin Toffler soam nos meus ouvidos: "Os analfabetos do século XXI não serão aqueles que não sabem ler e escrever, mas os que não conseguem aprender, desaprender e reaprender". Esta é uma chamada ao arrependimento, um lugar de choro e gemido alto por onde estivemos, acreditando que Deus nos abraçará com o Seu santo amor, reunindo-nos e cobrindo-nos novamente com a Sua veste real.

QUESTÕES PARA REFLEXÃO

1. Feche os olhos e imagine Jesus. Descreva como Ele é.

   _____

   _____

2. Como descreveria a sua história?

   _____

   _____

3. Que experiências teve com a diversidade que ajudaram a ampliar a sua compreensão de Deus?

   _____

   _____

4. Como é que explicaria o plano de Deus para a Igreja?

   _____

   _____

5. Feche os olhos novamente, e agora, imagine como seria a sua igreja.

   _____

   _____

6. O que significa para si, pessoalmente, aprender, desaprender e reaprender?

   _____

   _____

4
AMARELO
Hospitalidade

Dany e Carla

Os raios do sol amarelo gigante encheram o céu da tarde. O autocarro abanava na estrada enquanto íamos a caminho para conhecer novos crentes numa pequena aldeia na África Ocidental, mais precisamente na Guiné-Bissau. Podíamos sentir o pó nos dentes quando a estrada cheia de terra se ergueu para ir de encontro a nós. Ao longe havia casas feitas de tijolos que estavam a secar no calor do dia.

O povo da aldeia já se tinha reunido debaixo da grande árvore, cantando e dançando ao som do tambor, prontos para receber bem os seus visitantes. As crianças cercaram-nos calorosamente quando saímos do autocarro e fomos convidados para ir à escola. Lá, foi preparada uma apresentação completa; as crianças cantaram canções, recitaram histórias e agradeceram à igreja pela educação que estavam a receber. Como éramos os visitantes especiais, os nossos anfitriões deram-nos presentes, incluindo galinhas vivas. Eram galinhas grandes e bonitas, e detestámos levá-las, mas era importante para os nossos anfitriões mostrarem hospitalidade. Note que, se vamos aprender uns com os outros, então devemos estar dispostos a receber uns dos outros. Numa altura poderá ser o anfitrião, noutra, o visitante.

A cor amarela lembra-nos o calor da hospitalidade. Em Lucas 10:38–42, encontramos a história do encontro de Jesus com Maria e Marta. Embora pareça que Marta é criticada nesta história, também há muito a aprender sobre hospitalidade. Seja o calor radiante do sol ou o reflexo amarelo do ouro, a hospitalidade lembra-nos que devemos tratar os nossos hóspedes com calor, assim como faríamos com a realeza. A realidade é que Marta estava a mostrar hospitalidade a Jesus pela forma como Ele era recebido em casa. Para ela, a hospitalidade era cozinhar e dar-Lhe a melhor comida. A sua irmã, Maria, parecia ter uma ideia diferente sobre hospitalidade, tendo a ver com a atenção aos ensinos do visitante. Provavelmente, ambas pensaram que estavam a fazer a coisa certa e ambas estavam a mostrar hospitalidade. Jesus estava a perguntar a Marta se ela estava disposta a aprender que havia mais acerca da hospitalidade do que aquela que acontece na cozinha. O que Marta não percebeu foi que o melhor prato da casa estava a ser servido na sala da frente, onde Jesus estava a ensinar. Marta precisava de se humilhar para aprender mais sobre as formas pelas quais poderia mostrar hospitalidade e isso podia ter acontecido ao assumir o papel de hóspede, pois Jesus, o Mestre, estava em casa.

Marta provavelmente via-se como a especialista em hospitalidade. Ela estava pronta para ensinar Jesus o que significava realmente a hospitalidade e tinha a certeza de que a irmã estava errada. Durante anos, Marta desempenhou o papel de anfitriã e ninguém, nem mesmo Jesus, iria mudar a sua compreensão de como fazer as coisas. É assim que a pessoa da cultura dominante muitas vezes responde em situações novas. Quando se é sempre anfitrião, torna-se desconfortável assumir o papel de visitante. No entanto, se vamos aprender uns com os outros, devemos estar dispostos a receber uns dos outros. Quando for convidado para ser o hóspede, terá de responder e conhecer o seu espaço. Há um ditado africano que serve como um grande lembrete: "O hóspede não desamarra a cabra" [Nota de Tradutor: Significa que há certas coisas que não cabe ao hospede fazer].

Gostamos de convidar amigos para jantar e preparar refeições especiais. Às vezes trabalhamos horas para nos prepararmos para uma ocasião especial. Consegue imaginar um cenário em que os seus convidados na altura de se sentarem à mesa, correm para os seus carros para ir buscar algo? Continuando com este cenário, imagine que antes de se sentarem, eles pegam nos seus próprios talheres e pratos e voltam a organizar tudo o que já estava preparado. Nessa altura, sentimo-nos desanimados, como se tivéssemos feito um mau trabalho de hospedagem.

Infelizmente, foi assim que entrámos muitas vezes em novas culturas. Chegámos com muitas coisas porque acreditamos que o que trazíamos connosco é algo que essas culturas deveriam ter. Não chegamos de mãos vazias como visitantes para que os nossos anfitriões possam cuidar de nós, mas em vez disso, sentimos a necessidade de mostrar às pessoas algo que achamos ser melhor. Há vulnerabilidade em ser o visitante, pois depende do anfitrião.

Devemos assumir o papel do visitante, ir e desfrutar do que está preparado para nós. No início do Evangelho de Marcos, lemos sobre Jesus ser um convidado na casa de Simão e André. Ele não entra em casa e assume o controlo, mas vai com eles e ouve o que têm a dizer. Talvez estivessem preocupados por não poderem prover para Jesus da forma que gostariam, porque Lhe dizem que a sogra de Simão está doente na cama com febre. Jesus vai até ela, pega-lhe pela mão, levanta-a da cama e a febre desaparece imediatamente. A história termina com "e servia-os" (Marcos 1:31; ver também vv. 29–30). Jesus não Se tornou o anfitrião, mas possibilitou que eles cumprissem o seu papel como anfitriões, enquanto permanecia como convidado.

Jesus tinha experiência em ser convidado. Durante os primeiros anos da Sua vida, Ele e os Seus pais viveram no Egipto, onde os Seus anfitriões os protegeram de Herodes. Logo no início, Ele aprendeu tradições que eram diferentes das dos Seus pais e os alimentos que comeu não teriam sido aqueles que a Sua mãe normalmente teria preparado. Mesmo os jogos que fazia com outras crianças não teriam sido os mesmos de Nazaré. Todas estas experiências ajudaram-No para o caminho que se avizinhava e para modelar uma vida de humilde hospitalidade.

Mais tarde, no livro do Apocalipse, encontramos Jesus parado a bater à porta. Ele recusa-Se a impor-Se ao povo e, em vez disso, diz: "Eis que estou à porta e bato; se alguém ouvir a minha voz e abrir a porta, entrarei em sua casa e com ele cearei, e ele, comigo" (Apocalipse 3:20). Jesus espera pela hospitalidade do povo e recusa-Se a forçar a Sua entrada em casa. Embora Ele possa ser o rei, Ele não usará o Seu poder ou autoridade para abrir a porta. Em vez disso, aguarda a hospitalidade dos donos da casa. O desejo de uma relação de mutualidade é expresso quando Ele diz que vai comer com eles e que eles vão comer com Ele. Ao redor da mesa há um dar e receber, um aprender e partilhar uns dos outros e isso torna-se a visão de hospitalidade que recebemos de Cristo. Quando não conseguimos viver nesta hospitalidade, então as cores da bela túnica tornam-se distorcidas e esmagadoramente monocromáticas.

Este tipo de hospitalidade dá-nos uma perspectiva diferente de missão. A atitude do hóspede é ter a mesma atitude que Jesus Cristo, que Se esvaziou e Se tornou como servo. Este é o quadro de Jesus que é pintado para nós pelo apóstolo Paulo em Filipenses 2, onde ele escreve sobre a humildade de Cristo. "que, sendo em forma de Deus, não teve por usurpação ser igual a Deus" (Filipenses 2:6). Este versículo é fundamental para o entendimento da igreja primitiva sobre a natureza de Jesus. Paulo estava a expressar um pensamento que seria significativo para a fé cristã. Jesus não era apenas à imagem de Deus, mas era a própria 'natureza' ou 'forma' de Deus. Ele não era 'como' Deus, mas era da mesma 'substância' de Deus. Jesus é o Filho de Deus e, portanto, é o governador dos céus e da terra. Ele é o rei e, no entanto, o Seu comportamento torna-se num modelo de humildade e hospitalidade.

À medida que a história da hospitalidade de Jesus se desenrola, somos continuamente lembrados do Seu status. Embora tenha toda riqueza, autoridade e poder à Sua disposição como membro da realeza, Ele recusa-Se a usar qualquer coisa para Seu próprio benefício. Ele não Se agarra ao que Lhe foi dado, mas escolhe doá-lo, esvaziando-Se de tudo o que é Seu por direito. Ele está disposto a partilhar o Seu poder com os outros para que toda a humanidade se possa tornar herdeira do trono. Ele recusa-Se a agir continuamente como anfitrião, mas torna-se, voluntariamente, num visitante para que outros possam partilhar os seus recursos e possam servir como anfitriões.

Para a igreja de Filipos, esta ideia foi bastante chocante. Filipo era uma colónia romana que estava habituada aos governantes romanos, que lutavam, enganavam e matavam constantemente para obter poder. Eles eram conhecidos por terem matado os seus próprios parentes para manter o controlo, o poder e a riqueza. Portanto, o modelo de hospitalidade de Jesus era inteiramente estranho, pois apesar de Ele ser Deus e de ter todos os direitos por causa do Seu *status*, Ele recusava-Se a abusar do Seu poder, não mostrando ambição egoísta e partilhando o Seu poder para o bem. A natureza altruísta do acto de hospitalidade de Jesus é um padrão para todos nós seguirmos. Não haverá exploração de poder, posição, raça ou cultura nas nossas vidas. Nunca devemos usar o que possuímos de forma injusta ou egoísta.

Infelizmente, esta nem sempre é a motivação encontrada nos nossos corações. A nossa natureza pecaminosa leva-nos ao egoísmo e à manipulação de situações e circunstâncias para o nosso próprio bem. Paulo enfatizou que Jesus tem a mesma natureza de Deus, e isso torna-se, então, um convite para que sejamos encontrados "em Cristo". Enquanto participamos da hospitalidade de Cristo, somos encontrados "em" Cristo como participantes da natureza divina. Só então é que, por natureza, já não há o desejo de explorar. Esta é uma mudança profunda que é necessária no coração de um indivíduo e entre o povo reunido de Deus, a Igreja. Esta hospitalidade divina deve ser a forma como uma igreja de santidade - individual e colectivamente - se envolve com o mundo.

Passámos o dia todo em viagem para a Etiópia e passámos pela segurança do aeroporto pelo menos seis vezes. Os nossos pés estavam porcos do chão sujo em que tínhamos caminhado e, quando chegamos ao hotel, não havia água corrente e nem forma de nos limparmos antes do culto noturno. Tendo feito o melhor que podíamos, fomos para um tempo de adoração com os nossos líderes da igreja. Fomos levados de carro para o centro do distrito e, quando entrámos, ficámos surpresos com a visão. O povo, a maioria dos quais eram refugiados do Sudão do Sul, tinha alinhado o caminho de terra com ramos de palmeira. Eles cantavam cânticos de louvor ao Senhor e conduziram-nos ao pátio onde as cadeiras, ao lado das bacias de água, nos aguardavam. Pediram que nos sentássemos, depois tiraram-nos as sandálias e lavaram-nos os pés sujos. Que experiência humilde ter estas irmãs e irmãos em Cristo, que têm tão pouco em termos de bens materiais, a nos proporcionarem tal hospitalidade. Algo dentro de nós queria dizer-lhes: "não, não precisam de fazer isso", mas os sorrisos nos seus rostos recordavam-nos que deveríamos aceitar humildemente esse acto de amor, recebendo-o com um espírito gracioso de aceitação.

Na carta de Paulo aos Efésios, ele falou sobre a hospitalidade na forma de submissão mútua entre os crentes e especificamente no casamento cristão. Assim como Jesus bate à porta, pedindo a oportunidade de partilhar uma refeição à mesa, devemos levar essa mutualidade em relacionamentos matrimoniais. Em grande parte do mundo, a cultura teve uma forte influência na nossa compreensão do casamento. Com Jesus como modelo de humildade e hospitalidade, vemos esta passagem bíblica sob uma luz totalmente nova.

Efésios 5 é um aviso claro para todos os filhos de Deus O imitarem e viverem uma vida de amor. Todos os relacionamentos devem ser modelados pela hospitalidade que é encontrada no Deus trino, onde a submissão mútua e a humildade se tornam os actos finais do amor santo. Dentro desta compreensão da hospitalidade, Paulo usa o casamento como um exemplo prático para o povo de Deus: "Vós, mulheres, sujeitai-vos a vosso marido, como ao Senhor… Vós, maridos, amai vossa mulher, como também Cristo amou a igreja e a si mesmo se entregou por ela" (Efésios 5:22, 25). Este é o mesmo padrão que encontramos no relacionamento entre o Pai, o Filho e o Espírito Santo. A intenção de Deus é que esta hospitalidade seja testemunhada no casamento. Ao mesmo tempo, o casamento deve reflectir a relação entre Cristo e a Igreja, entre o noivo e a noiva. Um casamento cristão deve ser aquele que reflecte a hospitalidade de Deus para com o mundo, e em muitos casos, isso pode ser contra-cultural. Em grande parte do mundo, continuam a existir lutas dentro do casamento e das relações familiares onde não há mutualidade.

As relações familiares podem ser extremamente complexas e elas agravam-se quando as diferentes culturas são trazidas para o relacionamento matrimonial. Muitas vezes, a cultura torna-se na voz mais alta quando se trata de influenciar a forma como homens e mulheres se tratam. Acrescente-se a isso a complexidade do matrimónio entre diferentes religiões e um matrimónio marcado pela hospitalidade cristã enfrenta grande oposição. Ao mesmo tempo, o casamento cristão pode ser um microcosmo da intenção de Deus para a bonita diversidade dentro da Igreja.

A mutualidade de mulheres e homens dentro do Reino é um sinal da intenção de Deus para a restauração. É por isso que a imagem das mulheres envolvidas mutuamente no casamento e na obra do Reino é vital. O profeta Isaías podia ver um futuro em que o povo de Deus seria completamente restaurado: "Nunca mais te chamarão Desamparada, nem a tua terra se denominará jamais Assolada; mas chamar-te-ão Hefzibá; e à tua terra, Beulá, porque o SENHOR se agrada de ti; e com a tua terra o Senhor se casará" (Isaías 62:4). A "terra" referia-se ao povo de Deus no exílio, mas para nós, torna-se numa metáfora para a Igreja. A Igreja não será abandonada, nem estará cheia de ruínas. Em vez disso, a terra, ou a Igreja, será novamente preenchida com o povo de Deus - o povo chamado de "Hefzibá" ou "me agrado de ti". Este era o nome da esposa do rei Ezequias, e os dois, Ezequias e Hefzibá, representaram um período de fidelidade no serviço amoroso ao Senhor. A chamada é para que o povo de Deus reflicta um matrimónio no qual há hospitalidade mútua. A terra em si, ou a Igreja, será restaurada e será conhecida como "Beulah"- o que significa casada, porque é inteiramente consagrada a Deus em toda a sua beleza e diversidade - casada com Ele, e Deus acha isto encantador.

A imagem do casamento é encontrada em toda a Escritura, do início ao fim. Em Génesis, somos atraídos para a cena do casamento entre o primeiro casal, Adão e Eva. Nos livros intermediários, vemos continuamente Deus a amar o Seu povo e a atraí-lo para uma relação de aliança com Ele. Infelizmente, a humanidade continua a cometer adultério e as relações desmoronam. É por isso que a imagem do casamento cristão é vital no mundo, porque fornece um modelo visual da esperança da humanidade. A beleza do casamento é encontrada no final da jornada, em Apocalipse:

> E ouvi como que a voz de uma grande multidão, e como que a voz de muitas águas, e como que a voz de grandes trovões, que dizia: Aleluia! Pois já o Senhor, Deus Todo-Poderoso, reina. Regozijemo-nos, e alegremo-nos, e demos-lhe glória, porque vindas são as bodas do Cordeiro, e já a sua esposa se aprontou. E foi-lhe dado que se vestisse de linho fino, puro e resplandecente; porque o linho fino são as justiças dos santos. E disse-me: Escreve: Bem-aventurados aqueles que são chamados à ceia das bodas do Cordeiro. E disse-me: Estas são as verdadeiras palavras de Deus.
>
> (Apocalipse 19:6-9)

Ataques culturais à intenção de Deus para o casamento podem significar que alguma coisa está a acontecer num nível ainda mais profundo. Será que o egocentrismo da humanidade não nos permite estar ou assumir um compromisso sério com o casamento? Quando isso acontece, vemos a decadência moral em todo o espectro. Não há hospitalidade de Cristo a ser revelada ao mundo quando não há hospitalidade no casamento.

As influências culturais vão além do casamento e afectam as formas como pensamos sobre as mulheres. Estávamos na África Ocidental, a falar com um superintendente distrital sobre a sua vida. Ele estava muito triste naquele dia porque era o aniversário de um ano da morte da esposa. Viúvo, com cinco filhos, expressou gratidão pela sua irmã que tinha ido recentemente viver com ele e ajudá-lo a cuidar da sua casa e filhos. Enquanto servia como superintendente distrital, também pastoreava uma igreja local. Fizemos perguntas sobre o seu ministério e ficamos surpreendidos quando ele nos disse que achava que tinha cerca de quatrocentas igrejas no seu distrito, mas não tinha a certeza do número exacto, porque todos os dias eram plantadas novas igrejas. Este distrito tem mais de trinta mil membros - o maior distrito da Igreja do Nazareno. Curiosos, queríamos saber como isso acontecia, e ele começou a contar-nos como é que as mulheres eram evangelistas e plantadoras de igrejas. Todos os dias, quando iam ao mercado ou buscar água, contavam a todos que estavam ali acerca de Jesus. Elas tinham lenços impressos com fotos da história do Evangelho para que pudessem usá-los e depois deitá-los no chão para contar às pessoas sobre Jesus.

A rápida expansão da igreja em Benim acontece principalmente porque as mulheres se recusam a viver com medo da sua cultura e contam a todos com quem se encontram acerca Jesus. Elas não são apenas evangelistas, mas também plantam rotineiramente igrejas nas suas casas. Essas mulheres escolheram, intencionalmente, participar da obra do Reino de Deus. Elas aprenderam a hospitalidade mútua e vivem no poder e na força do Espírito Santo.

O serviço e a ordenação das mulheres na igreja vêm da nossa doutrina de santidade e é um dos fios dourados que mantém unidas as belas cores da Igreja. Isto não é culturalmente ditado, mas é fundamental para quem somos como povo de Deus. Quando o trabalho da Igreja do Nazareno começou na República Democrática do Congo (RDC), os nossos líderes foram informados de que as mulheres nunca seriam autorizadas a ser ordenadas. O nosso director regional respondeu que a cultura não ditaria o que acontece na vida da igreja e que, sem a ordenação das mulheres, não haveria igreja na RDC. Em Janeiro de 2017, pudemos estar presentes em Goma na área de Quivo do Norte da RDC e ordenar vinte e um indivíduos, três dos quais mulheres. Toda a congregação celebrou este momento inovador na vida da igreja e a forma como este acto reflectiu a hospitalidade de Cristo.

No Senegal, há uma tradição de que quando a refeição nocturna é preparada, há sempre o suficiente para um prato extra. Este prato permanece na cozinha coberto e é chamado de "refeição do tolo." É deixado lá no caso de um hóspede poder chegar durante a noite e precisar de algo para comer. Deve haver sempre algo disponível, porque o espírito de hospitalidade significa que uma refeição está sempre preparada para receber um hóspede. Nós, como povo de Deus, devemos estar sempre prontos para o hóspede, aquele que está a chegar de longe, - seja física ou culturalmente - preparados para fazê-lo sentir bem-vindo e partilhar o que temos com ele.

O escritor dos Hebreus escreveu sobre essa hospitalidade e, novamente, ela é expressa na linguagem da mutualidade e do amor: "Permaneça o amor fraternal. Não vos esqueçais da hospitalidade, porque, por ela, alguns, não o sabendo, hospedaram anjos" (Hebreus 13:1–2). O calor da hospitalidade e o brilho do amor santo fazem uma obra que está além do que podemos imaginar. No filme *The Mission*, o sacerdote chega a uma aldeia sem absolutamente nada. Ele senta-se e começa a tocar a sua flauta e através dessa canção, tocada com humildade pois não tem mais nada a oferecer, o missionário torna-se o convidado que Deus é capaz de usar.

    Deus quer que dependamos d'Ele e escolheu vir à terra como um bebé. A própria encarnação é hospitalidade, pois Deus entrou na nossa cultura humana num corpo humano. Agora, Deus depende de nós. Devemos entrar humildemente noutra cultura em forma corporal, esvaziando-nos e abraçando o que encontrarmos, sentando-nos à mesa em espírito de hospitalidade.

QUESTÕES PARA REFLEXÃO

1. Como é que pratica a hospitalidade na sua cultura?

2. Que programas tivemos que nos levaram a "pegar e largar"?

3. Como é que interpretaria o ditado "o hóspede não desamarra a cabra"? Dê exemplos de momentos onde o possa ter feito involuntariamente.

4. Estamos confortáveis em assumir o papel do hóspede e, se não, quais são os nossos próprios obstáculos?

5. Como libertar as mulheres para o ministério é um acto de hospitalidade?

5
ROXO
Identidade

Dany e Carla

Ao atravessar uma fronteira internacional, tem de levar o seu passaporte. Este é o documento que prova a sua identidade, dizendo ao mundo quem é e de onde veio. São rótulos que nos foram dados pelo mundo. Dany tem dois passaportes, um senegalês e outro francês. Ele alterna facilmente de uma língua para a outra e até mesmo de uma identidade para a outra, dependendo do contexto. Carla tem uma certidão de nascimento alemã, mas é cidadã tanto dos Estados Unidos como do Canadá. Ela tem um sotaque distintamente americano ao falar inglês, mas torna-se um pouco camaleão ao deslizar para o russo ou o alemão. Todos estes elementos são marcadores que o mundo usa para fixar a identidade de alguém e de alguma forma empurrar cada indivíduo para um molde particular para que as caixas possam ser marcadas em formulários de imigração.

Na realidade, a identidade não é tão fácil de esclarecer. Cada um de nós tem o potencial de uma miríade de identidades, dependendo do contexto ou da situação. Dany carrega as identidades adicionais de um ministro, um professor, um músico, um director regional, um irmão, um marido e um pai. Carla também é ministra, professora, enfermeira, superintendente geral, irmã, esposa, mãe e avó. Existem muitas forças que moldam e forjam as nossas identidades e que podem criar confusão, enquanto ao mesmo tempo, existem lugares onde encontramos comunalidade.

Vamos olhar para a raça, que é uma das caixas que temos que preencher nos formulários de imigração. O mundo nos diria que esta é uma das principais causas da diferença entre os indivíduos e que a cor da nossa pele é o que cria a nossa identidade. Na realidade, a raça humana partilha um genoma que é 99,5% idêntico, com a quantidade de melanina a representar uma fracção da diferença em humanos.[1] Há apenas uma raça, a raça humana e somos quase todos geneticamente iguais. O mundo criou divisões na humanidade por causa de uma substância química nos nossos corpos que torna a pele de uma pessoa mais escura do que a de outra. É isso realmente que compõe a nossa identidade ou há algo mais que está a funcionar nas nossas vidas?

Aquele momento temido tinha chegado - íamos entrar e ver o corpo do meu irmão. Eu, Carla, fiquei ao lado do meu pai, a segurar na mão dele enquanto entrávamos lentamente na pequena capela. Ele caminhou com cautela, dando pequenos passos em direcção à área de observação. Ao longo do caminho,

---

1. Susan Mayor, "Genome Sequence of One Individual Is Published for the First Time." *BMJ*, September 15, 2007.

o meu pai olhou para mim e disse: "Isto é difícil. Nenhum pai deve ter que enterrar o filho".

Olhei nos seus olhos e vi as linhas de tristeza no seu rosto. Juntos, espreitámos o caixão do meu irmão mais velho, aquele que carregava o nome do meu pai. Não havia nada naquela altura que fosse como deveria ter sido, mas a profundidade do amor que veio do coração do meu pai é algo que nunca esquecerei.

A maioria das pessoas mal percebeu que o meu irmão mais velho não era o filho biológico dos meus pais. Ele foi adoptado quando tinha apenas alguns dias de idade e passou toda a sua vida como membro da família. Os meus pais não teriam imaginado que ele não era membro pleno da família. De alguma forma, a sua chegada mudou as coisas e três crianças biológicas eventualmente encheram a casa. As quatro crianças, todas com o nome da família, mas a mais velha com o nome do nosso pai, foram igualmente amadas e pastoreadas pelos nossos pais. Desde o dia em que chegou até ao dia em que foi enterrado, o meu irmão viveu no transbordar de amor que recebeu da sua mãe e do seu pai. Ele tinha sido totalmente adoptado na família.

Imagine as crianças de todo o mundo; pessoas de todas as raças e etnias, reunidas na casa do Pai. O nosso Pai celestial providenciou um caminho para a adopção de todos nós na sua família. O amor de um pai terreno não é nada em comparação com o que o nosso Pai no céu quer derramar sobre nós.

Assim como as mulheres de Benin, Jesus era um mestre contador de histórias. As parábolas que encontramos no Novo Testamento são imagens vívidas que falam das culturas do mundo, atraindo-nos para a sua história. Vemos um pai de pé à beira da estrada, a olhar ansiosamente para a distância, esperando e orando para que o seu filho há muito perdido volte para casa. O filho trocou a identidade por uma hipótese de sobrevivência e quando percebe que não tem mais nada, volta para casa. Em humildade, ele está disposto a aceitar a identidade de um servo, apenas para que ter alguma coisa para comer. O pai, no entanto, não está preocupado que o seu filho tenha posto de lado tudo o que tinha, pois o pai tem o poder de restaurar tudo - incluindo a sua identidade. O pai vislumbra o filho ao longe, pois reconhece a forma como anda e a forma como ele carrega os ombros. Aquele é o seu filho! Incapaz de conter a sua alegria, ele corre em direcção ao filho, dá-lhe um abraço caloroso e recebe-o de volta a casa e na família.

Como sinal desse acolhimento, o pai pede que o melhor manto seja dado ao seu filho, simbolizando que o poder e a autoridade do seu direito de nascença e identidade foram restaurados. A bela promessa desta parábola vai além da história de um menino judeu perdido, do Oriente Médio. Jesus queria que todos os que ouviram a história soubessem que o seu Pai também era o Pai deles. Quer seja preto ou branco, senegalês ou americano, a promessa vai além deste filho e de todos aqueles que se cruzarão com a parábola. O nosso Pai celestial está na estrada dia após dia, de frente para nós, pronto para nos envolver nas suas vestes reais roxas, restaurando-nos todos os privilégios da família.

Mas porquê vestes roxas? Há algo extremamente fascinante sobre a cor roxa, pois tem uma longa história. A mais famosa é chamada de roxa tirana e foi descoberta pelos fenícios cerca de 1.500 anos antes do nascimento de Cristo. O corante é produzido por caracóis marinhos chamados murex, encontrados no Mar Mediterrâneo. A beleza da cor é notável, juntamente com o facto de que ela não se desvanece, mas se intensifica ao longo do tempo com a exposição ao sol.

Historicamente, o tecido roxo só podia ser oferecido pelos mais ricos da sociedade, pois eram necessários quase 12.000

caracóis para produzir uma linha de cor. Durante mais de 3.000 anos, a cor roxa foi associada à realeza. Quando nos tornamos participantes activos do Reino de Deus, somos envoltos nas vestes reais do Pai, convidados a uma experiência da beleza expansiva de Deus.

Infelizmente, ao longo dos séculos, a Igreja cooptou a cor roxa para o seu próprio benefício. Querendo adoptar as estruturas de poder do mundo, os bispos da igreja começaram a vestir-se de roxo. Este é um subtil lembrete de que o potencial de corrupção existe, mesmo entre aqueles que podem considerar-se parte da família de Deus. A nossa identidade como membro da família de Deus deve ser sempre evidenciada pelos nossos comportamentos, que imitam a vida de Cristo. A semelhança familiar não vem da cor da nossa pele, das roupas que usamos ou da linguagem que falamos, mas das formas como interagimos uns com os outros, reflectindo a natureza e o amor encontrados em Deus.

Esta vida em Cristo leva-nos a uma viagem longe de tons subjugados para uma onde vemos imagens gloriosas diante de nós, com clarões vívidos de cor e o som alegre da música. É aqui que somos convidados a viver como um sacerdócio real. Cada pessoa vive com o potencial de ser vestida com a beleza das vestes reais do Pai. Como povo de Deus, todos descobrimos uma nova identidade; cada um de nós é filho do Pai, somos escolhidos: "sacerdócio real, a nação santa, o povo adquirido, para que anuncieis as virtudes daquele que vos chamou das trevas para a sua maravilhosa luz" (1 Pedro 2:9).

Os campos nos formulários de imigração não nos definem. Os filhos de Deus são identificados pela veste da realeza, que se destina a envolver todos os aspectos da vida. As barreiras do mundo são dissolvidas à medida que os filhos amados de Deus são revelados ao mundo. "Vede quão grande amor nos tem concedido o Pai: que fôssemos chamados filhos de Deus. Por isso, o mundo não nos conhece, porque não conhece a ele. Amados, agora somos filhos de Deus, e ainda não é manifesto o que havemos de ser. Mas sabemos que, quando ele se manifestar, seremos semelhantes a ele; porque assim como é o veremos. E qualquer que nele tem esta esperança purifica-se a si mesmo, como também ele é puro" (1 João 3:1–3).

Uma pobre menina judia, a viver no Médio Oriente, deu à luz um bebé num estábulo e teve de o pôr numa manjedoura que serviu como berço. O nascimento do menino, Jesus, torna possível a adopção de todos os outros. Jesus viveu toda a Sua vida de tal forma que poderia fornecer um caminho de volta ao Pai para todos nós seguirmos. Este caminho para o Pai leva à restauração e transformação. Os filhos adoptivos são transformados pelo amor santo do Pai e começam a assumir uma semelhança familiar.

O Filho de Deus é nosso irmão. Aquele que nasceu num ambiente humilde entre os animais é aquele que devemos seguir. Uma nova vida é soprada nos nossos pulmões e encontramos uma nova identidade, que deve ser vivida no Reino de Deus. Pouco a pouco, irmãos e irmãs de todas as nações começam a reflectir a santidade de Jesus, reunidos nas vestes do Pai.

Durante séculos, os missionários levaram as boas novas do Evangelho ao redor do mundo, convidando pessoas de muitas nações a tornarem-se parte da família. Hoje, a família expandiu-se além da nossa imaginação, à medida que pessoas de todas as nações e línguas estão a responder ao apelo para se tornarem parte do sacerdócio real. Vestido de roxo, encontramos o povo de Deus em movimento, declarando os louvores d'Aquele que o chamou das trevas.

Frankfurt, Alemanha, tornou-se uma encruzilhada de migração internacional. O resultado é uma nova diversidade multicultural que nunca antes foi vista. A igreja está a trabalhar num ambiente em constante mudança e nunca terá a mesma aparência que tinha no passado. Reunindo-se à volta da Mesa do Senhor estão pessoas de muitas terras diferentes - Síria, Irã, Polónia, Nigéria - todas unidas como membros da família no Reino de Deus. Lá, um pastor local descobriu uma forma de responder à questão da identidade. Quando lhes perguntam: "É alemão?", os novos cidadãos dizem "não". Mas se lhes perguntarem: "Ele é de Frankfurt?", eles dizem que sim. Há algo que é aceitável na nova identidade de ser de Frankfurt uma vez que é sinónimo deste novo mundo multicultural.

Se esses novos cidadãos estão a abraçar a sua identidade como cidadãos de Frankfurt, talvez isso deva dizer algo sobre aqueles que têm uma nova cidadania no Reino de Deus. Devemos participar na obra do novo Reino e dos seus cidadãos, unidos de longe pela graça e misericórdia de Jesus Cristo. Tendo-nos tornado como Cristo, começamos a viver de formas contra-culturais. Já não somos partidários, pois estamos muito ocupados em estar envolvidos na actividade do Reino. Quer o filho de Deus esteja em Frankfurt ou em Goma, RDC, é definida uma nova identidade pela nossa relação com Cristo. Quanto mais tempo passamos com Cristo, mais nos tornamos como Ele e vivemos na nossa nova identidade.

O sentido de identidade é vital para cada um de nós. Maslow sugeriu que, quando as necessidades humanas básicas fossem atendidas, as questões de pertença e identidade poderiam ser abordadas.[2] Nos níveis mais altos de pertença, estima e auto-realização de Maslow, enfrentamos uma infinidade de questões relacionadas com a identidade. Uma versão expandida da Hierarquia de Maslow sugeriria que após a auto-realização vem

---

2. Saul McLeod, "Maslow's Hierarchy of Need", *Simple Psychology*, https://www.simplypsychology.org/maslow.html.

a transcendência, que inclui a participação no mistério, que inclui a vida espiritual. Não atingimos este nível se estivermos distraídos e apegados ao mundo. Quando as coisas deste mundo se tornam no nosso foco, o mundo torna-se no centro pelo qual nos definimos. O problema é que, ao "nos definirmos em virtude das coisas impermanentes, perdemo-nos para nós mesmos e perdemos o nosso ponto de referência para o nosso ser no mundo".[3] Somente transcendendo as coisas deste mundo e permanecendo conscientes de que a nossa identidade central vem do Pai, é que nos podemos tornar tudo o que fomos criados para ser.

Mesmo dentro da vida da igreja, encontramos identidades impermanentes. Podem ser as posições que preenchemos ou rótulos que são colocados sobre nós por outros. Carla atendeu à chamada para pregar quando tinha quase quarenta anos. De repente, foi marcada por uma nova identidade. Uma que não era apenas a identidade de pregadora, mas de "clero feminino". Mal ela sabia que essa identidade continha certos limites dentro da vida da Igreja. Isso era especialmente verdade quando a identidade era combinada com a da esposa e da mãe. Havia uma percepção de que essas identidades estavam de alguma forma em conflito umas com as outras: certamente que uma identidade precisava de ser subserviente à outra. Este foi mais um constructo cultural do que uma realidade relacionada à identidade.

A Igreja deve ter cuidado para não adoptar os padrões deste mundo. Infelizmente, isto pode acontecer com muita facilidade e a transcendência do Reino pode tornar-se indescritível. Numa ocasião, Carla ordenou uma jovem como presbítero. Quando

---

3. Michael J. Formica, "Examining Our Sense of Identity and Who We Are" em *Psychology Today*, https://www.psychologytoday.com/us/blog/enlightened-living/200910/examining-our-sense-identity-and-who-we-are.

chegou à assembleia, o relatório que foi lido dizia que ela ia ser ordenada como diaconisa. A própria mulher ficou atordoada e não tinha ideia do que tinha acontecido. Foram levantadas perguntas do andar da assembleia sobre porque é que a recomendação para presbítero tinha sido alterada para diaconisa. Descobriu-se que a mulher era solteira e Carla foi informada que nessa cultura uma mulher solteira não poderia ser ordenada presbítero. A resposta era da cultura e não do Reino.

Infelizmente, quando a Igreja toma as suas indicações a partir da sociedade, os seus membros não serão capazes de viver as suas identidades completas como filhos de Deus. A boa notícia nesta situação é que os membros da assembleia manifestaram-se contra o que consideravam injusto. Eles votaram para corrigir o relatório e mais tarde naquele dia a mulher foi ordenada presbítero.

Os marcadores de identidade que não são fornecidos pelo nosso Pai celestial têm sido usados para criar divisão no mundo e na Igreja. A história do *apartheid* na Igreja do Nazareno é um desses exemplos, onde a igreja na África do Sul foi dividida em preto, branco e de cor. A igreja deve examinar a si mesma e trabalhar para sempre e consistentemente identificar todos os filhos de Deus como verdadeira realeza, com igual autoridade dada pelo Pai. Dentro do Reino de Deus não deve haver cultura dominante, que tem sido tão facilmente definida pelo mundo.

Após a reflexão, reconhecemos que, por vezes, permitimos que a cultura definisse a nossa compreensão do Reino de Deus. O resultado é o desenvolvimento subtil de uma cultura dominante. A maioria não vê que se tornou parte dessa cultura, pois ela simplesmente se infiltra na sociedade e torna-se na norma. Isto pode acontecer em qualquer lugar do mundo onde haja uma forte norma cultural e não conseguimos reconhecer que ela pode estar a sobrepor-se à cultura do Reino de Deus. A lente através da qual vemos o mundo é facilmente moldada pelos costumes sociais e, na nossa ingenuidade, podemos não reconhecer que nos tornamos julgadores. Quando nos questionamos: "porque é que eles não fazem as coisas como nós?", estamos a julgar da perspectiva de uma cultura dominante. O testemunho da Igreja é danificado quando a ênfase é colocada na adaptação à cultura e não na vida no Reino de Deus.

Há alguns anos, missionários da Morávia vieram à região de Ohio na América para ministrar aos povos indígenas. Apesar de apresentarem Cristo, também tinham trazido com eles uma expectativa cultural de vida no Reino de Deus. Esperava-se que os nativos americanos que conheciam Cristo usassem roupas ocidentais, falassem alemão, vivessem em casas de tijolos ou madeira e adoptassem nomes "cristãos".

Existe um grande perigo nesta perspectiva. Falando sobre o *apartheid* na África do Sul, Steve Biko disse: "Um homem que consegue fazer um grupo de pessoas aceitar um conceito estrangeiro em que ele é especialista, faz deles estudantes perpétuos cujo progresso no campo específico só pode ser avaliado por ele; o aluno deve constantemente recorrer a ele para orientação e promoção".[4]

Desta forma, a cultura dominante realmente exerce poder e controlo, estabelecendo todas as regras, padrões e modelos para o sucesso. De forma subtil, "a voz da maioria não precisa de se explicar a estranhos. É o trabalho da minoria fazer toda a tradução e acomodação".[5]

Quando não vemos que podemos fazer parte de uma cultura dominante, surge um problema. Não há apenas uma única

---

4. Steve Biko, *I Write What I Like: A Selection of His Writings* (Johannesburg: Heinemann Publishers, 1978), 94.
5. "Christendom Is Crumbling and It's Not Pretty: A True Story of Christian Persecution of Christians," *Missio Alliance*, June 2018, https://www.missioalliance.org/christendom-crumbling-not-pretty-true-story-christian-persecution-christians/.

cultura dominante no mundo, mas muitas, dependendo da localização geográfica. Os entendimentos culturais infundiram muitas das nossas crenças e isso inclui os nossos entendimentos teológicos. Numa edição de 1899 da revista Punch, encontramos uma piada sobre o Escritório de Patentes dos E.U.A.: "Um génio perguntou: 'não há um funcionário que possa examinar patentes?' Um menino respondeu: 'muito desnecessário, senhor. Tudo o que pode ser inventado já foi inventado'".[6] A revista estava a gozar com a noção de que, indo para o século XX, as pessoas pensavam tão bem de tudo o que tinha sido realizado que não podiam imaginar que ainda havia mais por vir. Às vezes, podemos chegar a pensar que a Igreja se saiu tão bem que deixamos de pensar que pode estar mais por vir.

Desde que Jesus comissionou os Seus discípulos, os crentes serviram como agentes do Evangelho. O apóstolo Paulo atravessou a Ásia até à Europa, carregando o fardo do ministério transcultural nos primeiros anos do cristianismo. Nos últimos séculos, os missionários levaram a mensagem da salvação de uma cultura para a outra, falando geralmente da dívida que foi paga por Jesus na cruz. Quando a identidade vem de uma cultura na qual o dinheiro ou a moeda é valorizado, a ideia de uma dívida a ser paga é significativa. Numa sociedade que não liga o dinheiro a questões espirituais, esse conceito pode ser inteiramente estranho. Ao mesmo tempo, a visão de um Cristo vitorioso na cruz que conquista o mal é facilmente adotada. Cada missionário tem de lutar com a forma como apresenta o Evangelho. O sermão de Paulo em Mars Hill parece ilustrar a sua adaptabilidade e reconhecimento de que ele não poderia

---

6. Dennis Crouch, "Tracing the Quote: Everything That Can Be Invented Has Been Invented," *Patent Blog*, https://patentlyo.com/patent/2011/01/tracing-the-quote-everything-that-can-be-invented-has-been-invented.html.

pregar um sermão judaico para um grupo de gregos na cidade de Atenas.

A nossa compreensão da identidade também afectou a forma como a mensagem de santidade foi partilhada com o mundo. A visão do fundador da Igreja do Nazareno, Dr. Phineas F. Bresee, era de que a Igreja "espalharia a santidade bíblica" por todo o mundo.[7] Muita expansão missionária ocorreu após a Segunda Guerra Mundial, numa época em que a igreja de envio estava a debater-se com a santidade e com o legalismo. A mensagem de santidade foi exportada e, às vezes, ficou congelada numa espécie de cápsula do tempo trazida pelo missionário que primeiro encontrasse a nova cultura.

Curiosamente, hoje pode-se encontrar uma igreja local na África do Sul que se sente como uma igreja americana dos anos 60. A população local raramente tinha o privilégio de ler as fontes originais e entender os escritos de Wesley e, assim, interpretar a santidade dentro do seu contexto.

Era fácil para a santidade ser entendida como transacional ou legalista. As listas do que não fazer seguiram-se, e uma igreja com uma mensagem poderosa ficou escondida no medo, cada vez mais fechada do mundo. Em vez de permitir que a santidade florescesse dentro do contexto, havia uma dependência excessiva do ensinamento da cultura dominante. O estado actual das coisas poderia deixar-nos num estado de dilema, imaginando como devemos alcançar um mundo que precisa desesperadamente de conhecer o poder encontrado na santidade de Jesus Cristo enquanto nos estamos a recuperar dos nossos medos. A resposta é encontrada na redescoberta da identidade como povo santo de Deus, envolto nas vestes do Pai e vivendo no poder do Reino.

---

7. Ernest Alexander Girvin, *Phineas F. Bresee: A Prince in Israel, a Biography* (Kansas City: Pentecostal Nazarene Publishing House, 1916), 218.

O serviço de ordenação na Igreja do Nazareno é um dos nossos momentos sagrados onde celebramos a vida da Igreja. Como parte da nossa tradição, normalmente cantamos um velho hino americano: "Chamados à Santidade". Este cântico é difícil de traduzir para outras línguas e culturas e o ritmo é um grande desafio. Muitas vezes, um tradutor vai ouvir a versão original e, de seguida, vai tentar reescrevê-la e colocá-la na sua cultura. Como resultado, o cântico pode ser ouvido de várias formas, mas influenciado pela cultura dominante.

Recentemente, houve uma celebração de ordenação numa nova área mundial da Igreja do Nazareno, onde nunca ninguém tinha ouvido este hino. Os músicos receberam a letra, mas não tinham ideia de como a música deveria soar e por isso, simplesmente inventaram. Quando a banda começou a tocar, a música assumiu a cultura local com os sons e ritmos do povo. O hino foi abraçado como se fosse deles à medida que aprenderam a cantar as palavras a partir dos seus corações, porque agora era deles. À medida que o cristianismo se envolve com a cultura, veremos a real beleza e a profundidade de entendimento a desdobrarem-se, pois este é o plano de Deus. A verdadeira identidade reflecte a beleza quando é libertada dentro do Reino de Deus.

Quando a nossa identidade está "em" Cristo, também devemos "vestir" Cristo. O apóstolo Paulo advertiu a igreja em Filipos a ter a mesma mente que Jesus: "De sorte que haja em vós o mesmo sentimento que houve também em Cristo Jesus, que, sendo em forma de Deus, não teve por usurpação ser igual a Deus. Mas aniquilou-se a si mesmo, tomando a forma de servo, fazendo-se semelhante aos homens; e, achado na forma de homem, humilhou-se a si mesmo, sendo obediente até à morte e morte de cruz" (Filipenses 2:5–8).

Esta secção das Escrituras é referida como a passagem de *kenosis* (auto-esvaziamento), onde Jesus não procura manter a Sua posição, mas voluntariamente Se esvazia por causa do Reino. Ele não explora o que tem, mas partilha intencionalmente o Seu poder com os outros, para que também nós, nos tornemos herdeiros do trono. Paulo reiterou este ponto porque, por natureza, temos dificuldade com este conceito. A nossa natureza é ser egoísta e querer usar os outros para o nosso próprio benefício. É por isso que Paulo enfatizou que Jesus tem a mesma natureza que Deus - e que somos convidados a estar "em" Cristo ou a participar da natureza divina. Quando isso acontece, já não há, por natureza, o desejo de explorar. Esta é uma mudança profunda no coração de um indivíduo provocada pela presença de Cristo.

Isto leva-nos de volta ao significado da encarnação. É somente porque Jesus era Deus, mas escolheu tornar-Se humano, que nós, como seres humanos, podemos participar da Sua natureza. Se isso é possível, então o cristianismo cultural fica miseravelmente aquém de proporcionar satisfação na vida. Porque é que nos devemos contentar com o cristianismo cultural quando seguimos um Messias que veio à terra para que nos possamos tornar como Ele? Jesus partilha voluntariamente a Sua herança com aqueles que são adoptados na família porque Se recusa a explorar o que tem para o Seu próprio bem.

Somos chamados a ter esta mesma atitude e a adoptar a postura humilde da *kenosis*, onde submetemos intencionalmente qualquer identidade que seja temporal e derivada do mundo àquilo que é encontrado como filhos de Deus. Isto é tão difícil para aqueles que fazem parte da cultura dominante como para aqueles que não fazem.

A identidade transcendente que recebemos por sermos encontrados em Cristo estará sempre sob ataque porque é fundamental para o nosso ser. Todos os filhos de Deus são convidados a viver em gloriosa liberdade, libertos das identidades que nos são colocadas pelo mundo. Na nossa adopção, abraçamos as palavras de João: "Se, pois, o Filho vos libertar, verdadeiramente, sereis livres" (João 8:36).

O inimigo escolheu atacar Cristo questionando a Sua identidade. No Evangelho de Mateus, lemos: "E, chegando-se a ele o tentador, disse: Se tu és o Filho de Deus, manda que estas pedras se tornem em pães. Ele, porém, respondendo, disse: Está escrito: Nem só de pão viverá o homem, mas de toda a palavra que sai da boca de Deus" (Mateus 4:3-4). Ao atacar a identidade de Jesus, o inimigo sabia que Jesus perderia a Sua liberdade. Jesus foi e é o Filho de Deus. Mateus espelhou a cena da tentação com a de Jesus na cruz. Os espectadores gritaram com Ele: "Tu, que destróis o templo e, em três dias, o reedificas, salva-te a ti mesmo; se és o Filho de Deus, desce da cruz" (Mateus 27:40, ênfase adicionada). Novamente - a Sua identidade foi questionada, mas Jesus nunca foi dissuadido. Ele rejeitou qualquer identidade que o mundo Lhe possa ter dado e apegou-Se ao Pai. Na Sua filiação, encontramos a nossa adopção, envolta em vestes da realeza, livres para sermos quem fomos destinados a ser em Cristo. A nossa mentalidade mudou e já não vivemos como escravos, mas em liberdade e poder como alguém que é filho de um rei.

A questão da identidade leva-nos a uma compreensão da verdade. A identidade de Jesus foi encontrada na verdade de que Ele era o Filho de Deus. Era tão vital para a fé dos discípulos que Jesus parava de vez em quando e lhes perguntava: "Quem dizeis que eu sou?" Esta verdade estava ligada nas Escrituras seculares que tinham sido fundamentais para a aliança entre Israel e a sua identidade como povo de Deus. Jesus estava no deserto assim como os israelitas tinham estado tantos anos antes. Foi aí que os israelitas lutaram com a sua identidade como povo de Deus, tentados por tudo o que o Egipto e o resto do mundo lhes tinham para oferecer. Em contraste com Moisés, eles recusaram-se a confiar em cada palavra que vinha da boca de Deus. O inimigo levou-os a duvidar da verdade e assim mudaram a sua lealdade.

Na segunda tentação, o diabo teve a audácia de citar as escrituras: "Então o diabo o transportou à Cidade Santa, e colocou-o sobre o pináculo do templo, e disse-lhe: *Se tu és o Filho de Deus*, lança-te daqui abaixo; porque está escrito: Aos seus anjos dará ordens a teu respeito, e tomar-te-ão nas mãos, para que nunca tropeces em alguma pedra. Disse-lhe Jesus: Também está escrito: Não tentarás o Senhor, teu Deus" (Mateus 4:5–7, ênfase adicionada). Imediatamente Jesus rejeitou esta interpretação do salmo do Antigo Testamento e a forma como o inimigo estava a tentar distorcer a verdade. Usando a Sua própria interpretação das Escrituras, o inimigo estava a tentar "incitar a desconfiança na fidelidade de Deus".[8] Jesus viu através das táticas de Satanás e "não coloca Deus à prova como os seus antepassados fizeram em Massah e Meribá".[9]

A verdadeira identidade é uma ameaça ao poder do inimigo. É por isso que o inimigo vai distorcer a Palavra de Deus e seduzir a humanidade com a atracção de outras identidades que não são encontradas no nosso relacionamento com Deus. Aceitar a mentira resulta numa perda de liberdade. Quando estendemos a mão e abraçamos a nova identidade que nos foi dada pelo inimigo, acabamos por adorar um bezerro de ouro. Tendo visto a nossa verdadeira identidade em Cristo passar

---

8. Robert S. Snow and Arseny Ermakov, *Matthew: A Commentary in the Wesleyan Tradition*, New Beacon Bible Commentary (Kansas City: The Foundry Publishing, 2019), 83.

9. Snow and Ermakov, *Matthew*, 83.

pelos nossos dedos, o inimigo mantém-nos reféns da identidade que escolhemos abraçar.

Como filhos de Deus, devemos viver na verdade e esta é uma jornada para toda a vida. No seu discurso de aceitação do Prémio Nobel, Albert Camus disse: "a verdade é misteriosa e elusiva para ser conquistada novamente. A liberdade é perigosa, tão difícil de conviver como emocionante. Temos de avançar para esses dois objectivos, dolorosa mas resolutamente, com a certeza prévia de que vamos enfraquecer e vacilar num caminho tão longo".[10] O caminho rumo à verdade como filhos de Deus vale o preço que devemos pagar se quisermos viver em liberdade gloriosa, pois somente na liberdade que temos em Cristo é que a nossa verdadeira identidade pode ser revelada.

Jesus permaneceu vitorioso sobre as tentações que enfrentou e, como resultado, foi capaz de manter a Sua identidade como Filho de Deus e nos oferecer o convite para viver como filhos do rei. Este dom traz consigo uma mudança completa de paradigma à medida que aprendemos a viver livres das algemas das identidades que podem ser colocadas sobre nós, e aprendemos a viver na nossa identidade primária como filhos de Deus. Enquanto Jesus permaneceu firme diante da tentação, os israelitas não o permaneceram. Várias vezes sucumbiram à tentação, deixando de viver no poder que lhes foi oferecido como povo de Deus. No entanto, ao longo do caminho, um homem sempre pareceu ser capaz de viver acima da confusão e este era Moisés. Havia algo de diferente nele e na forma como ele se portava.

Talvez a forma como Moisés se portou tivesse algo a ver com a maneira como ele tinha sido criado. Enquanto todos

---

10. Albert Camus, no seu discurso de aceitação ao receber o Prémio Nobel de Literatura, em 10 de Dezembro de 1957. Acedido em 24 de Fevereiro de 2020, https://uuwestport.org/albert-camus-from-his-nobel-prize-acceptance-speech/.

os outros na comunidade israelita tinham sido criados como escravos, Moisés não. Portanto, ele era hebreu, mas tinha sido criado pela filha de Faraó na casa do governador da terra. Ele "foi instruído em toda a ciência dos egípcios"- embora tivesse medo de falar publicamente - "era poderoso em suas palavras e obras" (Actos 7:22). Moisés foi criado como membro da cultura dominante do seu tempo. Chegou uma altura em que percebeu a sua verdadeira identidade como judeu e decidiu defender o "seu povo", mas os israelitas viram-no com desconfiança porque, para eles, ele ainda representava os egípcios (Êxodo 2:11–14).

Embora Moisés se possa ter sentido confuso, começamos a ver que Deus tinha um plano para todas essas experiências. Moisés teve de ser criado na casa do Faraó para que não tivesse uma mentalidade de escravo. Um líder que está na escravidão internamente não pode libertar aqueles que estão na escravidão externamente. O Senhor precisava de alguém que pudesse enfrentar o Faraó e falar com ousadia e dignidade para libertar os israelitas da escravidão. É por isso que Deus preparou Moisés, que foi criado e educado como rei e que nunca tinha sido escravo, mas tinha sido quebrado o suficiente para ser usado de uma forma poderosa.

Moisés passou por um período de tempo em que parecia estar confuso sobre a sua identidade e onde se deveria encaixar no mundo. Fugiu para a terra de Midiã, onde se casou com uma mulher e se estabeleceu como pastor. Um dia, enquanto Moisés cuidava das ovelhas do seu sogro, Deus chamou-o. O homem que estava diante da sarça ardente ansiava por uma nova identidade, que fosse além da sua cultura hebraica (a cultura dominada) e da cultura oposta do seu Egipto adoptado (a cultura dominante).

Encontramos um debate nas Escrituras que caracteriza uma busca de identidade. Moisés perguntou a Deus: "Quem sou eu, que vá a Faraó e tire do Egito os filhos de Israel?" (Êxodo 3:11). Moisés ainda não tinha percebido quem ele realmente era, pois estava a viver com uma perda de identidade. Ele já não era filho do faraó, nem era adoptado como filho da sua mãe biológica. Moisés era um estrangeiro que vivia numa terra estrangeira - um homem que tinha perdido qualquer vínculo com a sua identidade. Mas era por isso que Deus o poderia usar, pois estava prestes a revelar-lhe a sua verdadeira identidade, que só pode ser encontrada em Cristo.

Como promessa de que a sua identidade seria encontrada em Deus, o Senhor disse: "Certamente eu serei contigo" (v. 12). Quando estamos envolvidos na identidade que nos é dada por Deus, podemos ter a certeza da Sua presença. E, no entanto, Moisés ainda tinha dúvidas e pediu a Deus que revelasse o Seu nome. Este é um momento significativo porque, pela primeira vez na história, o Deus de toda a criação partilhou o Seu nome com o Seu povo: "Eu Sou o Que Sou" (v. 14). Ele disse a Moisés para lembrar os israelitas: "Eu Sou me enviou a vós."

Este Eu Sou é o "Deus de Abraão, o Deus de Isaque e o Deus de Jacó" (v. 15). A identidade está a ser revelada, a relação é clara e agora o nome da família é partilhado. Não há mais confusão em relação à identidade, mas Moisés pode viver livremente como um dos filhos de Deus.

Num dos episódios mais comoventes da caminhada de Moisés com Deus, vemos a sua nova identidade como amigo, confidente e filho de Deus. Encontramos Moisés diante de Deus, dizendo: "Ó Senhor, por que se acende o teu furor contra o teu povo, que tu tiraste da terra do Egito com grande força e com forte mão? Por que hão de falar os egípcios, dizendo: ... 'Lembra-te de Abraão, de Isaque e de Israel, teus servos, aos quais por ti mesmo tens jurado e lhes disseste: Multiplicarei a vossa semente como as estrelas dos céus e darei à vossa semente toda esta terra, de que tenho dito, para que a possuam por herança eternamente'" (Êxodo 32:11–13). Moisés agora estava confiante o suficiente na sua identidade como filho de Deus para ter uma conversa honesta sobre as suas preocupações.

Quando Moisés encontrou a sua identidade na sua relação com Deus, ele foi capaz de viver livre da ambição pessoal. O orgulho cultural e os seus medos profundos e internos desapareceram porque ele encontrou a liberdade, e essa liberdade estava em adoptar a mentalidade de que ele era filho do rei. Ele já não estava preocupado consigo mesmo, mas com a reputação do seu Pai celestial. Este é o sinal de um filho autêntico de Deus, cuja identidade foi restaurada e cuja linguagem se tornou: "A minha comida... é fazer a vontade daquele que me enviou e realizar a sua obra" (João 4:34). Como Jesus, Moisés nasceu livre e viveu como rei. A diferença é que Jesus era rei por natureza e transferiu-nos as vestes reais por adopção.

O dom de Jesus traz consigo uma mudança completa de paradigma à medida que aprendemos a viver livres das algemas de identidade que podemos ter permitido que nos fossem colocadas. O inimigo quer tomar a nossa verdadeira identidade e roubá-la de nós, substituindo-a por rótulos colocados sobre nós pela cultura. Agora, aprendemos a viver na nossa identidade primária como filhos do rei.

Os filhos de Deus, em todo o mundo, são convidados a adoptar a sua verdadeira identidade, que só pode ser encontrada em Cristo. Isso começa quando cada um de nós, individualmente, se liberta de qualquer identidade que nos mantenha reféns das coisas deste mundo e orgulhosamente vestimos as vestes roxas da realeza, identificando-nos como filhos do Reino de Deus. Além disso, devemos estar dispostos a examinar-nos criticamente e a liberar quaisquer identidades, ou quaisquer culturas dominantes, que possam manter um irmão ou irmã em Cristo em cativeiro. A beleza do Reino é revelada quando cada filho de Deus é libertado para reflectir a identidade que lhes foi dada como filho adoptivo de Deus. Por causa de Jesus isso é possível para todos. "Se, pois, o Filho vos libertar, verdadeiramente, sereis livres" (João 8:36).

QUESTÕES PARA REFLEXÃO

1. Liste as suas diferentes identidades ou formas de se descrever.

   _____

   _____

2. Feche os olhos e imagine que tem irmãos e irmãs de todas as raças do mundo. Como seria a sua família?

   _____

   _____

3. De que formas é que o mundo nos pede para nos identificarmos e que perguntas nos faz?

   _____

   _____

4. O que significa para si abraçar a cidadania do Seu Reino?

   _____

   _____

5. Como é que viver na sua identidade "em Cristo" lhe pode dar liberdade?

   _____

   _____

6
DOURADO
O Fio Dourado da Doutrina (Santidade)

Carla e Dany

Santidade. Perfeição. Pureza. Santificação. Estas palavras vêm à mente quando pensamos sobre a nossa herança de santidade. Esta doutrina, ou fio de ouro, chegou até nós através de muitas vozes e às vezes tornou o tecido local mais forte e mais bonito, e noutras vezes ameaçou rasgar as costuras. Enquanto nos sentamos para uma chávena de café expresso ou de chá num Mugg & Bean, a cadeia de café sul-africana, a conversa resume-se a este fio doutrinário.

"Porque é que a santidade é importante para nós?"

"Como é que definimos a santidade, e como é que ela foi, às vezes, definida culturalmente?"

"Existe uma definição singular para a santidade? Se sim, qual?"

Descobrimos que o fio dourado permanece consistente, enquanto as expressões podem variar.

Em África, encontramos uma tríade de santidade: inclui pureza, paz e poder. A maioria dos conceitos de pureza foram trazidos para a África a partir da perspectiva da igreja ocidental. Como as culturas eram tão diferentes, a ideia de pureza era frequentemente enfatizada, mas com uma mentalidade ocidental. Esta era uma perspectiva interna e individualista, que era estranha à vida externa e comunitária do africano. O legalismo foi o resultado, que parecia mais restritivo culturalmente do que guiado espiritualmente. As nossas diferentes visões de mundo impactam a forma como recebemos a mensagem de santidade. A visão do primeiro mundo geralmente concentra-se na culpa, mas este é apenas um aspecto da expiação. O nosso ensino sobre a santidade precisa de unir os três conceitos.

O conceito de paz encaixa-se muito melhor na cultura africana, que se baseia na honra e na vergonha. A paz é a reconciliação e o nosso relacionamento com Deus e com os outros. Este conceito de *shalom* ajuda-nos a entender a nossa totalidade em Deus. Quando estamos em harmonia com Deus, estamos completos, não apenas com Deus, mas também uns com os outros e com o mundo cósmico. Isto leva a uma compreensão do poder e a uma autoridade sobre os espíritos malignos. Como filhos de Deus, somos convidados para os lugares celestiais, mas este é um lugar de guerra espiritual. A santidade leva-nos a uma vida de poder. Tudo isso aviva a mensagem de santidade dentro do contexto africano. O fio está lá, mas os tecidos são ligeiramente diferentes.

Isso leva-nos a outra pergunta sobre a perfeição: "quem tem estabelecido o padrão para a santidade?" Novamente, temos de perguntar se foi culturalmente definido, ou se é pela intenção divina de Deus.

Os parques de animais de África muitas vezes trazem à mente o Jardim do Éden. Ao conduzir pelo Parque Nacional Kruger e ao procurar pelos 'Big Five' [Nota do tradutor: Cinco Grandes] (rinoceronte, elefante, búfalo, leão, leopardo), uma pessoa pode facilmente ficar admirada com a criação de Deus. A beleza expansiva do trabalho artístico estava diante de Deus. Em toda a sua perfeição, faltava ainda à criação um elemento, aquele que resplandeceria com o reflexo glorioso do Criador. "E disse Deus: Façamos o homem à nossa imagem, conforme a nossa semelhança; e domine sobre os peixes do mar, e sobre as aves dos céus, e sobre o gado, e sobre toda a terra, e sobre todo réptil que se move sobre a terra. E criou Deus o homem à sua imagem; à imagem de Deus o criou; macho e fêmea os criou" (Génesis 1:26–27). De repente, lá estavam eles no jardim, perfeição absoluta, irradiando a glória de Deus para todo o mundo ver.

É neste início que vemos o fim; o que eles eram desde o início é aquilo no qual a humanidade se pretende tornar novamente. A humanidade é a perfeição quando a glória dourada de Deus se reflecte na vida daqueles que buscam o Seu rosto. E isto é para toda a humanidade.

Ao procurar o fim, encontramos o começo e a esperança para toda a humanidade. Na Revelação de Jesus Cristo de João, descobrimos uma conversa sobre uma vara de ouro e a necessidade de medir o trabalho que foi feito:

> E aquele que falava comigo tinha uma cana de ouro para medir a cidade, e as suas portas, e o seu muro. E a cidade estava situada em quadrado; e o seu comprimento era tanto como a sua largura. E mediu a cidade com a cana até doze mil estádios; e o seu comprimento, largura e altura eram iguais. E mediu o seu muro, de cento e quarenta e quatro côvados, conforme

a medida de homem, que é a de um anjo. E a fábrica do seu muro era de jaspe, e a cidade, de ouro puro, semelhante a vidro puro. E os fundamentos do muro da cidade estavam adornados de toda pedra preciosa. O primeiro fundamento era jaspe; o segundo, safira; o terceiro, calcedônia; o quarto, esmeralda; o quinto, sardônica; o sexto, sárdio; o sétimo, crisólito; o oitavo, berilo; o nono, topázio; o décimo, crisópraso; o undécimo, jacinto; o duodécimo, ametista. E as doze portas eram doze pérolas: cada uma das portas era uma pérola; e a praça da cidade, de ouro puro, como vidro transparente.

(Apocalipse 21:15-21)

Curiosamente, podemos questionar-nos porque é necessário ter um anjo a medir a cidade, os seus portões e muros, se Deus criou todos eles. Retrocedendo algumas cenas, descobriremos que esse momento de medição está em contraste com o que estava a acontecer no capítulo 11. Não há nenhum anjo na cena anterior, apenas João, que está a medir. Ele recebeu uma vara e o propósito da sua medição tinha a ver com garantir a defesa do povo. João, o humano, estava a medir para fins de protecção.

De volta ao cenário actual, a situação mudou. O anjo agora veio para medir a cidade de Deus. O anjo tem uma vara de ouro com a qual mede a cidade, garantindo a integridade e a pureza da mesma. Este anjo medirá as portas e a altura das muralhas, revelando a enormidade da cidade, mas também a sua perfeita simetria. Esta cidade deve tornar-se a morada dos fiéis por toda a eternidade, para aqueles que estão a reflectir a imagem do Criador.

Dia após dia, somos influenciados por aqueles que nos rodeiam. De muitas formas, permitimos que as pessoas de quem queremos receber aceitação ou afirmação nos meçam. A cultura dominante fala connosco. Recentemente, enquanto fazíamos compras no Reino Unido, vimos um gráfico projectado para nos ajudar a entender as diferentes formas de medir umas calças de ganga. Era uma escala, na forma de uma vareta de medição onde se podia encontrar os modelos das calças. A escala incluía os seguintes modelos: *spray-on, super skinny, skinny, slim, tapered, straight, bootcut*. Conseguem imaginar que, em algumas economias, estamos a ser medidos pelo quão justas as nossas calças de ganga são? Há medidas que permitimos nas nossas vidas, e por isso, de alguma forma pensamos que podemos descobrir como nos encaixamos no mundo.

As medições de João estavam a ser feitas no reino humano. Tinham a ver com medir o poder, a força e a influência do mundo. Muitos de nós são apanhados com a vara de ferro nas mãos, desejando desesperadamente ser aceites pelos que nos rodeiam. O anjo veio medir algo diferente. Essa medida tinha tudo a ver com o reino espiritual, pois essa vara revelaria a perfeição.

Essa palavra "perfeição" chama a nossa atenção, pois significa algo em particular para aqueles dentro da tradição da santidade. A perfeição, no sentido espiritual, é cumprir o propósito para o qual foi criado, e isso é ser o povo santo de Deus. Ao mesmo tempo, cada um de nós foi trabalhado de forma bela e única pelas mãos do Criador, que conhece os detalhes íntimos de cada desígnio e propósito. Assim como os artistas têm dentro de si os critérios para as suas próprias pinturas, o nosso Pai Celestial conhece o potencial de beleza dentro de cada uma das Suas criações.

Este entendimento deve levantar a questão: "Como é que está a ser medido?" Quando nos desviarmos das medidas deste mundo e nos concentrarmos na vara de ouro de Deus, descobriremos como nos estamos a sair na vida. A medida de Deus é muito diferente da do mundo e é somente pela medida do Senhor que encontraremos o lugar da simetria espiritual: um lugar onde podemos aprender a confiar e a descansar em todo o tempo.

Mas agora, vamos considerar esta questão de medição em relação à Igreja de Deus. Talvez nos encontremos em algum lugar nesta visão de medição. Criamos padrões e medidas que consideramos normais, mas, na realidade, podem ser simplesmente a vara na mão de João. Esta é uma vara protectora, que tem medo da mudança e de qualquer coisa que possa existir fora do nosso controlo. Esta é a vara da cultura dominante.

Entre na vara de ouro de Deus. E se for suposto adoptarmos a vara que mede a perfeição em relação ao Criador? Cada um de nós foi criado com dons e capacidades únicas. Duas pessoas jamais pastorearão uma igreja da mesma forma ou adorarão o Senhor da mesma maneira, e ainda assim, ficamos ao lado da vara de medição humana e perguntamos se nos igualamos! Criamos uma vara de ferro de medida para uma igreja saudável no hemisfério norte e, de seguida, colocamos essa vara ao lado de uma igreja num ambiente totalmente diferente e determinamos que eles não alcançam a medida correcta.

O que acontece quando abraçamos a vara da protecção, em vez da vara da perfeição? Perdemos a irradiação da glória da imagem de Deus nas nossas vidas. A vara da perfeição permite que a gloriosa beleza da criação de Deus brilhe neste mundo.

Ao longo da história de Deus, somos lembrados que devemos reflectir a Sua glória. Encontramos indivíduos na sua jornada espiritual que fornecem roteiros de descoberta, revelando a humanidade no desejo desesperado de regressar à imagem original de Deus. Encontramos Moisés a escalar o monte para estar na presença de Deus, o seu coração tão dirigido para o seu Criador que não deseja nada mais do que ver a glória de Deus. Quando

Moisés desce da montanha, o povo fica impressionado com a glória radiante de Deus reflectida no seu rosto. Eles clamam para ele cobrir o rosto com um véu, pois não estão dispostos a viver a vida exposta diante deles por um Deus santo e amoroso.

Mais tarde descobrimos David, oprimido pelas suas circunstâncias, cercado pelo inimigo. O que é que ele fez? Ele olhou para Deus para livrá-lo: "Busquei ao Senhor, e ele me respondeu; livrou-me de todos os meus temores. Olharam para ele, e foram iluminados; e os seus rostos não ficarão confundidos. Clamou este pobre, e o Senhor o ouviu; e o salvou de todas as suas angústias. O anjo do Senhor acampa-se ao redor dos que o temem, e os livra" (Salmo 34:4–7). Ele voltou-se para o Deus que sabia que o amava e que cuidaria dele no meio da sua necessidade mais profunda. Ao olhar para Deus, o seu rosto irradiava com a glória da Sua presença. Deus ouviu os seus gritos e salvou-o no meio da sua situação difícil.

Indo para o Novo Testamento, encontramos Jesus a instalar-se para pregar o Seu Sermão do Monte. As pessoas de toda a região enchem a encosta, ansiosas para ouvir as Suas palavras. Ouvimos enquanto Ele encoraja aqueles que ouvem: "Vós sois a luz do mundo; não se pode esconder uma cidade edificada sobre um monte; nem se acende a candeia e se coloca debaixo do alqueire, mas, no velador, e dá luz a todos que estão na casa. Assim resplandeça a vossa luz diante dos homens, para que vejam as vossas boas obras e glorifiquem o vosso Pai, que está nos céus" (Mateus 5:14–16).

Jesus está a falar da luz e que os Seus discípulos devem ser a luz! As pessoas perguntam: "como é que nos tornamos a luz?". A resposta vem do início e leva ao fim. A luz é somente de Deus, e novamente, devemos buscar o rosto de Deus, e desta forma, tornamo-nos a Sua luz para o mundo. É a Sua glória radiante que ilumina o mundo, e essa glória é a luz que ninguém pode esconder.

A glória radiante e dourada de Deus sempre representou a Sua presença. O povo de Deus, restaurado à Sua imagem, reflecte a Sua imagem e a Sua presença gloriosa. Não importa onde nos encontremos no mundo, isto é possível, pois este é o fio de ouro que une tudo. Assim como Moisés estava radiante depois de descer da montanha, Pedro, Tiago e João experimentaram em primeira mão o esplendor da santa presença de Deus no Monte da Transfiguração. David sabia que precisava desesperadamente da ajuda do Pai e, portanto, estabeleceu-se na santa presença de Deus, relaxando na Sua graça. Todos entenderam que o começo levava ao fim. O povo de Deus, todas as pessoas, é continuamente convidado a um relacionamento onde encontra comunhão com o Criador.

Assim como os capítulos finais do Apocalipse nos levam ao que é mais importante, viramos a página sobre o passado e permitimos que Deus se torne na nossa vara de medição. Não há razão para nos compararmos com os outros, pela cultura dominante ou pelos padrões deste mundo. Isso só levará à frustração porque o mundo não é o nosso Criador, e se dependermos da vara de medição imperfeita do mundo, estaremos carentes. A boa medida de Deus nos trará um nível de paz, ou *shalom*, que não pode ser encontrado nas medidas deste mundo.

Adoptando a vara de ouro, a glória de Deus é-nos revelada individual e corporativamente. Isto restaura a intenção de Deus para toda a humanidade, pois esta é a perfeição divina de Deus e temos o incrível privilégio de participar desta missão.

Santidade. Perfeição. Pureza. Paz. Poder. "E aquele que falava comigo tinha uma cana de ouro para medir a cidade" (Apocalipse 21:15).

QUESTÕES PARA REFLEXÃO

1. Porque é que a tríade de pureza, paz e poder seria útil para a sua compreensão da santidade?

---

2. Onde arranjou o seu padrão de santidade?

---

3. Como descreveria a cultura dominante na sua vida?

---

4. O que é que acha sobre a paz de Deus, ou *shalom*, ser uma parte da vida santa? Como é que isso é experimentado?

ABSTRACT# 7

VERMELHO
Guerra Espiritual

Dany e Carla

"E cantavam um novo cântico, dizendo: Digno és de tomar o livro e de abrir os seus selos, porque foste morto e com o teu sangue compraste para Deus homens de toda tribo, e língua, e povo, e nação;"

Apocalipse 5:9

A água brilhava à luz do sol de um céu sem nuvens enquanto atravessávamos o Oceano Atlântico. A costa da Guiné-Bissau tornou-se uma lasca através do horizonte com nada além de água à nossa vista e orámos para que o capitão do nosso barco soubesse para onde estávamos a ir. Era um dia de grande expectativa, pois quase vinte jovens, que viviam numa pequena ilha, aguardavam o seu baptismo, prontos para abraçar a sua fé recém-descoberta em Jesus Cristo. Seguir Jesus não seria fácil numa comunidade povoada por feiticeiros que estavam descontentes com a mudança dos acontecimentos na sua aldeia. O baptismo público era um convite para participar numa guerra espiritual.

Imagens de guerra nunca são agradáveis e o pensamento de estar envolvido em batalha pode ser assustador. Às vezes, é simplesmente mais fácil fechar os olhos e tentar permanecer alegremente ignorante em relação às tempestades que se abrem à nossa volta. A cultura ocidental tenta produzir explicações racionais e cria uma dicotomia espírito/mundo material, enquanto o mundo africano é propenso a ver um espírito escondido atrás de cada rocha e árvore sem explicação a não ser o sobrenatural.

Em algum lugar entre essas duas visões de mundo potencialmente opostas, de repente encontramo-nos em terreno comum porque o inimigo aprendeu a enganar cada um de nós no nosso próprio território. Anos atrás, o Dr. Paul Orjala disse que o diabo muda de acordo com cada ambiente: se estiver num lugar onde pensam que não existe, ele veste-se de facto e parece civilizado, enquanto em algumas partes de África, ele transforma-se na psique do povo e persegue-o no seu nível de compreensão. O inimigo está a lutar em todas as culturas, sociedades e países deste mundo.

No Evangelho de Marcos, encontramos Jesus a levar os discípulos a percorrer a região da Galileia. O Seu ministério de pregar, curar e ensinar chegou ao clímax quando desafiou os discípulos, perguntando-lhes: "Mas quem dizeis que eu sou?". Ele estava a revelar-Se a eles através de cada acção e palavra e agora era essencial que eles O reconhecessem a Si e à Sua autoridade.

Este evangelho torna-se crítico para a igreja em África, onde a maioria das pessoas vê espíritos malignos por detrás de cada arbusto e busca orações específicas para cada um dos seus medos e crenças herdados da sua origem animista. O Evangelho de Marcos demonstra gradualmente a autoridade de Jesus sobre cada medo do africano, porque o Seu ministério estava centrado em volta das realidades desses medos: Ele expulsou demónios (medo dos espíritos malignos), curou todas as doenças (medo das doenças herdadas), rejeitou a crença comum em maldições familiares, acalmou a tempestade (medo dos espíritos na natureza), caminhou sobre as águas (medo dos espíritos da água), ressuscitou uma pessoa morta (medo de pessoas mortas e dos espíritos dos antepassados). Acima de tudo, Jesus deu cura completa às pessoas (cegos, leprosos, o demónio possuído, homem surdo, etc.). Desta forma, demonstrou que dá aos africanos a "harmonia" que precisam, tornando-se verdadeiros adoradores em espírito e em verdade (João 4:23). Jesus sabia que tudo isto tinha sido revelado aos Seus discípulos, mas até que respondessem à questão central sobre a Sua identidade, não poderiam ir além, pois deveriam ser capazes de confiar no Seu poder e autoridade para superar tudo o que encontrariam nos próximos dias.

Não há valor em falar sobre a guerra espiritual se não acreditarmos que Cristo tem o poder e a autoridade para destruir o pecado. Quando os nossos esforços evangelísticos se concentram apenas no perdão do pecado, é criado um vácuo na vida dos crentes que precisam de ser libertos do medo da morte, demónios e Satanás. Pelo facto de Jesus ter entrado na experiência humana, Ele assumiu a batalha por nós, derrotando todos os inimigos e oferecendo-nos a liberdade completa. O choque de culturas acontece quando o analítico encontra a mente guiada pelo espírito. Por muito tempo, os missionários ocidentais em África raramente mencionaram a vitória de Cristo sobre Satanás, embora esta seja a visão de mundo sempre presente na vida dos africanos. Abraçar um paradigma de "Cristo Vitorioso" leva-nos a ver que Jesus tem vitória sobre os poderes que mantêm as pessoas em cativeiro, incluindo o pecado, a morte e o diabo. A vitória de Jesus põe fim à regra desses medos e liberta toda a humanidade do seu domínio.[1] O fio doutrinário da santificação leva-nos à conclusão "que Cristo veio para destruir o princípio da ilegalidade que era a principal obra do diabo na humanidade".[2]

Novamente, diferentes perspectivas levam-nos a diversos entendimentos da vitória de Cristo. Na cultura ocidental, tende a haver um foco maior no indivíduo em vez de na comunidade. Ao falar sobre a vitória de Cristo, algumas culturas abraçam uma ênfase na vitória interior sobre o pecado. Isto significa que a vitória pode ser experimentada na vida pessoal sobre as tentações que podem ser enfrentadas. Compare isso com viver numa comunidade que abraça o conceito de Ubuntu, um termo Nguni Bantu que se refere à humanidade. Tentar traduzir o termo é difícil, mas o conceito é frequentemente expresso como: "sou porque somos". De repente, a vitória de Cristo sobre Satanás torna-se muito mais importante porque o inimigo pode atacar toda a comunidade, não apenas um indivíduo. Jesus é o vencedor sobre os poderes e as forças que mantêm as nossas comunidades reféns.

Madame Afua Kuma, uma agricultora na floresta do Gana, convida-nos para este entendimento através da sua oração:

    Se Satanás nos perturba,
    Jesus Cristo
    És o Leão das pradarias,
    Tu cujas garras são afiadas,
    Arrancar-lhes-ás as entranhas,

---

1. Gustaf Aulen, *Christus Victor* (Austin, TX: Wise Path Books, 2016), 20.
2. William H. Greathouse, "Sanctification and the *Christus Victor* Motif," *Africa Speaks: An Anthology of the Africa Nazarene Theology Conference 2003* (South Africa: Africa Nazarene Publications, 2004), 14.

E deixá-la-ás no chão
Para as moscas comerem.
Digamos todos: Amém!³

Voltamos novamente ao Evangelho de Marcos, onde, logo após Pedro declarar que Jesus é o Messias, Jesus o levou, juntamente com Tiago e João, ao topo de uma montanha alta. Lá Jesus foi transfigurado diante dos seus olhos; um momento em que a natureza humana encontrou Deus e eles foram capazes de dar testemunho do carácter único de Cristo. Entrando na história, Jesus encontrou as forças do mal no seu território para que Ele pudesse quebrar o seu poder. "E, visto como os filhos participam da carne e do sangue, também ele participou das mesmas coisas, para que, pela morte, aniquilasse o que tinha o império da morte, isto é, o diabo, e livrasse todos os que, com medo da morte, estavam por toda a vida sujeitos à servidão" (Hebreus 2:14–15). A compreensão deles em relação ao poder em Cristo cresce a cada momento, enquanto revela que Jesus Se tornou o que somos para que possamos nos tornar o que Ele é!

No primeiro século não havia Novo Testamento e muito poucas pessoas podiam ler a Torá. Muitas pessoas, especialmente os gentios, eram analfabetas perante as Escrituras Sagradas e por isso, o discipulado tornou-se chave. O apóstolo Paulo escreveu cartas às suas igrejas, encorajando o povo e as congregações a continuarem a crescer espiritualmente. Paulo abraçou a vida de Jesus Cristo, querendo conhecê-Lo intimamente. Ele falou de se esforçar para atingir o objectivo e permitiu que a sua própria vida fosse usada como modelo para os outros. No seu papel de mentor e guia, ele escreveu à

---

3. Afua Kuma, *Jesus of the Deep Forest: Prayers and Praises of Afua Kuma* (Accra, Ghana: Asempa Publishers, 1981), 46.

igreja em Corinto: "Sede meus imitadores, como também eu, de Cristo" (1 Coríntios 11:1).

Elevar Jesus Cristo capacita o indivíduo e o corpo de Cristo. Através da vida e da morte de Cristo, há vitória sobre as forças internas e externas do mal. Somos capazes de enfrentar essas forças porque Cristo está em nós e porque levamos a sério o desafio de imitá-Lo.

Uma das línguas africanas usa duas palavras distintas para "imitação": *topondo* e *rooy*. A primeira palavra, *topondo*, geralmente significa imitar, repetir as acções, palavras ou maneiras de alguém. Isto é como o papagaio e o macaco que imitam o que vêem ou ouvem mesmo sem saber ou se importar com a essência das suas palavras ou acções. Na guerra espiritual, uma das principais armas do inimigo é a imitação, pois ele é o grande imitador. O Senhor Jesus adverte-nos sobre os imitadores: "Então, se alguém vos disser: Eis que o Cristo está aqui ou ali, não lhe deis crédito, porque surgirão falsos cristos e falsos profetas e farão tão grandes sinais e prodígios, que, se possível fora, enganariam até os escolhidos" (Mateus 24:23–24). No final dos tempos haverá muitos falsos profetas, lobos com pele de cordeiro. Eles são como o macaco, pois fazem as coisas para que as pessoas gostem deles e os temam mais do que a Deus. A identidade deles já não é encontrada em Jesus, o Senhor, mas num homem ou mulher simples a quem estão a servir. Não há nada que o/a torne mais impotente e vulnerável do que quando a sua identidade é tirada de si.

Em contraste, o apóstolo Paulo está a chamar as pessoas para imitá-lo (*rooy*) enquanto ele está a imitar o Senhor Jesus. A segunda palavra africana, *rooy*, é sobre olhar para o carácter da pessoa e tentar reproduzi-lo na sua própria vida. A fonte de ser de Paulo está enraizada na pessoa e na obra de Jesus. Como o amigo de Dany, Fred Hartley, do College of Prayer

International, disse com razão: "Sem Cristo, a pessoa mais forte é mais fraca do que o demónio mais fraco; mas a pessoa mais fraca, com Cristo é mais forte do que o demónio mais forte".

Pastorear em África tem os seus desafios. Eu, Dany, tive o privilégio de servir durante mais de vinte anos na África Ocidental e ver Deus trabalhar de formas sobrenaturais. Há vários anos, eu e um amigo pastor experimentámos esta verdade de uma forma muito dramática. Fomos visitar um dos membros da nossa igreja, e ao chegarmos, ela estava sentada com a mãe e com a irmã. Começámos a partilhar sobre a Palavra de Deus com elas, e a sua irmã, que não era crente, mas era muito aberta, decidiu dar a sua vida ao Senhor. Ficámos tão animados que comecei a falar com a mãe, dizendo-lhe que ela era a causa da maioria dos problemas que aconteciam na sua família e incitei-a a deixar as suas práticas malignas e o seu envolvimento na adivinhação. De repente, ela levantou-se e começou a insultar-nos enquanto a sua voz e rosto mudavam.

Eu e o meu amigo pastor passámos as três horas seguintes a tentar libertá-la, mas sem sucesso. Ela tinha uma força formidável e estava a tornar-se cada vez mais ameaçadora, até que a certa altura, parecia que estava a ouvir de repente uma voz calma que me dizia que nos devíamos ajoelhar. Eu não tinha a certeza de que era uma boa ideia porque era uma posição de vulnerabilidade diante dessa mulher ameaçadora. No entanto, contei ao meu amigo o que tinha ouvido, ajoelhámo-nos e continuamos a orar com os olhos fechados. De repente, ela começou a gritar: "Eles estão a vir! Eles estão a vir!" e ouvimos um grande barulho como se o chão estivesse a tremer. Quando abrimos os olhos, vimo-la deitada, com os braços abertos, como se estivesse morta. Poucos minutos depois, ela recuperou os sentidos e disse: "Quando se ajoelharem, vi um grupo de anjos vindo com poder e isso desarmou-me."

Experimentámos o que o apóstolo Paulo descreveu numa das ilustrações mais poderosas da vitória de Jesus na cruz: "E, despojando os principados e potestades, os expôs publicamente e deles triunfou em si mesmo" (Colossenses 2:15). Quando Jesus morreu na cruz e derramou o Seu sangue, Ele desarmou todos os poderes e autoridades. Ao fazê-lo, libertou o povo. Esse desarmamento revelou os poderes e as autoridades, revelando os seus enganos e deixando-os nus, expostos e impotentes. Jesus estava a quebrar as mentiras e a expor o maligno por ter tomado autoridade, despojando-o de todo o poder. O inimigo e todos os outros poderes e autoridades foram exibidos como prisioneiros de guerra, quando Jesus revelou a Sua verdadeira identidade. Isto é o que aconteceu no mundo espiritual enquanto Jesus estava na cruz, a derrotar todos os outros poderes e autoridades.

O mundo engana, ao dizer que era Jesus que estava na cruz nu, exposto e impotente, mas isso é a grande mentira. Os espectadores só conseguiam ver um homem pendurado numa cruz, mas havia muito mais coisas a acontecer. No mundo espiritual, era uma visão muito diferente, e quando acabou, no terceiro dia, Ele ressuscitou dos mortos. Mas antes disso, Ele disse: "Está consumado". Tinha chegado ao fim.

O inimigo é derrotado. A carne é derrotada. O mundo é derrotado.

O véu do templo rasgou-se para que as pessoas vissem que podiam entrar, porque a obra estava terminada. O convite agora é para todos virem, seguirem Jesus e entrarem na Sua presença. Sim, "... o Filho do Homem veio buscar e salvar o que se havia perdido" (Lucas 19:10), mas também "Quem pratica o pecado é do diabo, porque o diabo vive pecando desde o princípio. Para isto o Filho de Deus se manifestou: para desfazer as obras do diabo" (1 João 3:8). Jesus Cristo, o Filho de Deus, libertou-nos:

"Estai, pois, firmes na liberdade com que Cristo nos libertou e não torneis a meter-vos debaixo do jugo da servidão" (Gálatas 5:1). Uma coisa é ser livre, uma outra é permanecer firme na sua liberdade e viver nessa liberdade, dia após dia.

A imitação de Cristo inclui um estudo das formas como Ele viveu a Sua vida em contacto quotidiano com o Pai. Jesus mostrou-nos a necessidade de orar e, portanto, a nossa imitação de Cristo - a nossa capacidade de permanecer firme no Seu poder e autoridade - é através da oração.

Muitas vezes, pensamos que a oração é sobre levar as nossas necessidades diante de Deus - o que é parcialmente verdadeiro -, mas a oração é mais um lugar, um lugar em que há contacto íntimo com o Senhor. Através da oração, tornamo-nos "participantes da natureza divina" (2 Pedro 1:4). É aqui que descobrimos a fonte de energia. Não temos nenhum poder por conta própria, mas participando com Deus, assumimos o poder que Jesus revelou na cruz.

A nossa liderança em toda a África é encorajada a permanecer na liberdade encontrada em Cristo, orando diariamente por protecção, direcção e revelação. Que belo modelo para uma igreja que vai além da cultura e abraça a totalidade da vida que se encontra em Cristo. Oramos por protecção, pedindo a Deus, nosso Pai, que nos cubra com as Suas asas ao começarmos o nosso dia. De seguida, caminhamos para a direcção, pedindo ao nosso Senhor Jesus, o Bom Pastor, que nos mostre o caminho a seguir. Se seguirmos esse caminho, o Senhor irá guiar-nos. Finalmente, oramos por revelação, pedindo ao Espírito Santo para nos dar sabedoria e inspiração à medida que Deus é, continuamente, revelado.

Como dissemos antes, ao longo do Evangelho de Marcos vemos a autoridade de Cristo a ser revelada. Vemos também os discípulos, em mais de uma ocasião, num barco, no mar.

O mar torna-se uma metáfora para o mundo à nossa volta e o barco é uma visão da igreja. Os discípulos conheciam muito bem o mar, pois era o mundo em que tinham sido criados. Muitos deles eram pescadores que passavam horas no barco e na água, navegando habilmente no mar desde muito jovens. E, no entanto, vemos as águas a agitar-se quando Jesus Se moveu de costa em costa para Se envolver em batalhas espirituais. Aqueles que deveriam ter certeza de si mesmos ficaram aterrorizados e com temor pelas suas vidas enquanto Jesus dormia calmamente encostado numa almofada.

Jesus nunca teve receio que o mundo abalasse o barco, ou a Igreja, porque sabia que tinha poder e autoridade supremos. Jesus viveu, morreu e ressuscitou em vitória. Ele convida-nos a participar da Sua vitória ao continuarmos na nossa subida espiritual na fé. Para abraçarmos a Sua vitória, devemos exaltar continuamente o nome de Jesus. Toda a vitória é d'Ele, e sempre que nos desviarmos, ou começarmos a reclamar de qualquer coisa do lado humano, estaremos em problemas. Juntar-nos-emos a Pedro e iremos afundar-nos na água! Exalte Jesus logo pela manhã. Acorde e proclame: "Jesus é o Senhor!". Devemos ser adoradores do Senhor nas alturas.

Não apenas abraçamos uma vida de adoração, mas também vivemos em santidade. Este é, novamente, o fio de ouro que mantém tudo junto. A santidade de Jesus deve ser reflectida na forma como vivemos e nas decisões éticas que tomamos todos os dias. Um seguidor de Cristo que não reflecte ou não imita Cristo é um discípulo impotente. A vida cheia do Espírito traz vitória e o resultado é uma caminhada diária cheia de santidade e poder.

Finalmente, somos encorajados a vestir toda a armadura de Deus. Paulo conhecia o poder que seria encontrado numa igreja que exibia a beleza de Deus encontrada na diversidade.

Ele também parecia entender que isso seria desafiador e atrairia forças que procurariam trazer a divisão:

> No demais, irmãos meus, fortalecei-vos no Senhor e na força do seu poder. Revesti-vos de toda a armadura de Deus, para que possais estar firmes contra as astutas ciladas do diabo; porque não temos que lutar contra carne e sangue, mas, sim, contra os principados, contra as potestades, contra os príncipes das trevas deste século, contra as hostes espirituais da maldade, nos lugares celestiais. Portanto, tomai toda a armadura de Deus, para que possais resistir no dia mau e, havendo feito tudo, ficar firmes. Estai, pois, firmes, tendo cingidos os vossos lombos com a verdade, e vestida a couraça da justiça, e calçados os pés na preparação do evangelho da paz; tomando sobretudo o escudo da fé, com o qual podereis apagar todos os dardos inflamados do maligno. Tomai também o capacete da salvação e a espada do Espírito, que é a palavra de Deus.
>
> (Efésios 6:10–17)

Orar com a armadura de Deus todos os dias pode trazer poder e protecção. Diariamente, devemos usar a armadura de Deus enquanto vivemos neste mundo. Ponha o cinto da verdade, pois Jesus é a Verdade. Viva a vida santa enquanto usa a couraça da justiça. Nunca se esqueça de calçar os sapatos que conduzirá a lugares onde pode partilhar as boas novas de Jesus. Carregue o escudo da fé, firmemente agarrado à crença em Jesus Cristo, confiando no capacete da salvação para levar a uma nova vida e estude a Palavra de Deus para que o poder de Cristo esteja ao seu alcance. O Jesus a quem servimos é o mesmo ontem, hoje e sempre.

Vamos voltar a uma das cenas da tempestade em Marcos:

> E, naquele dia, sendo já tarde, disse-lhes: Passemos para a outra margem. E eles, deixando a multidão, o levaram consigo, assim como estava, no barco; e havia também com ele outros barquinhos. E levantou-se grande temporal de vento, e subiam as ondas por cima do barco, de maneira que já se enchia de água. E ele estava na popa dormindo sobre uma almofada; e despertaram-no, dizendo-lhe: Mestre, não te importa que pereçamos? E ele, despertando, repreendeu o vento e disse ao mar: Cala-te, aquieta-te. E o vento se aquietou, e houve grande bonança. E disse-lhes: Por que sois tão tímidos? Ainda não tendes fé? E sentiram um grande temor e diziam uns aos outros: Mas quem é este que até o vento e o mar lhe obedecem?
>
> (Marcos 4:35–41)

A descrição da tempestade é vívida. Se Marcos está a repetir o relato em primeira mão de Pedro, então, temos uma ideia de quão má estava a situação. Tempestades repentinas não são incomuns no Mar da Galiléia, onde o vento pode descer das alturas circundantes, especialmente no fim do dia ou no início da noite. Este vento veio quase com força de um tornado e o barco foi inundado por ondas. Esses pescadores grandes, fortes e profissionais ficaram repentinamente aterrorizados. Eles despertaram o rabino carpinteiro que estava exausto e adormeceu profundamente. A experiência deles com Jesus significava que tinham desenvolvido uma fé que os levou a acreditar que despertá-Lo faria a diferença. Eles começavam a compreender a necessidade do escudo da fé.

Parece que os discípulos repreenderam Jesus quando Ele Se levantou e repreendeu a natureza. Os discípulos - todos eles; não apenas aqueles que estavam com Ele no barco, mas nos outros barcos à volta - ficaram atordoados. Todos estavam admirados com Jesus, que de repente acalmou a tempestade. Os discípulos ficaram em silêncio no mar.

Jesus revelou que tinha autoridade sobre o vento e sobre as ondas. A metáfora fala-nos ao longo de todos os séculos, pois os discípulos iriam experimentar águas tempestivas nos seus dias. Eles tornar-se-iam na Igreja perseguida nas mãos do Império Romano, tentando manter o barco de pé no furioso mundo do caos. O poder de Jesus é revelado para ser maior do que a natureza, o caos deste mundo e qualquer coisa que o inimigo pode colocar no nosso caminho. Kent Brower expõe isto desta forma: "o sono de Jesus devia-se, provavelmente, à exaustão. Talvez, como parte do conflito com o mal no qual Ele estava envolvido, a tempestade surge porque Ele está no barco. Se assim for, a tempestade é simbólica da oposição a Deus e ao Seu governo. Neste contexto, o Seu domínio sobre o mar e sobre a tempestade parecem ser importantes para a história subsequente".[4] A história subsequente é a cura de Legião.

No Ocidente, tentamos explicar alguns dos milagres ou confrontos de Jesus com o mal, não como demoníacos, mas como aqueles que sofrem de convulsões ou doenças mentais. Mas como explicamos este milagre sobre a natureza? Marcos usa este momento para falar além da cultura, pois antes que Jesus Se pudesse envolver noutros milagres, Ele demonstrou que o Seu poder era muito maior do que os discípulos podiam imaginar. O Seu poder não pode ser explicado pelos padrões humanos, mas é sobrenatural.

Agostinho, um pai da igreja primitiva do norte de África, dá-nos uma aplicação interessante acerca desta passagem:

> Quando ouve insultos, significa que está a ser fustigado pelo vento. Quando a raiva é despertada, está a ser arremessado pelas ondas. Portanto, quando os ventos sopram e as ondas se

---

4. Kent Brower, *Mark: A Commentary in the Wesleyan Tradition*, New Beacon Bible Commentary (Kansas City: Beacon Hill Press of Kansas City, 2012), 139–40.

elevam, o barco está em perigo e o seu coração está em perigo e a sofrer. Ao ser insultado, anseia por retaliar; mas a alegria da vingança traz outro tipo de naufrágio. Porquê? Porque Cristo está adormecido em si. O que é que eu quero dizer com isto? Quer dizer que se esqueceu da presença d'Ele. Portanto, "desperte-O"; lembre-se d'Ele, deixe-O continuar a vigiá-lo dentro de si, preste-Lhe atenção (...) Surge uma tentação: é o vento. O vento perturba-o: é a subida do nível do mar. Este é o momento de despertar Cristo e deixar que Ele lhe recorde estas palavras: "Mas quem é este que até o vento e o mar lhe obedecem?"[5]

Com Jesus no barco, o Seu poder é revelado e é muito mais do que o que os olhos podem ver. Quer nos encontremos numa tempestade metafórica, ou numa verdadeira, precisamos de abrir os olhos para ver o poder de Deus. Muitas vezes impomos limites para a actividade de Deus neste mundo por causa dos nossos próprios medos. David Garland diz-nos que o "sono de Jesus durante a tempestade contrasta com o terror dos discípulos. Deus "dá aos seus amados o sono" (Salmo 127:2) e o sono de Jesus reflecte a Sua serena confiança em Deus, que O vigia".[6]

Reflectir sobre quem Cristo realmente é deve ser central para a guerra espiritual. Olhando para além do material, descobrimos o Deus transcendente que é capaz de fazer muito mais do que alguma vez podemos pedir ou imaginar, pois muitas vezes na vida há circunstâncias que estão além do nosso entendimento.

De volta à ilha na África Ocidental, acabámos a nossa visita onde os jovens tinham sido baptizados. A excitação de conhecer Jesus tinha sido evidente nos rostos daqueles que estavam a

---

5. Augustine, Sermons 63.1–3.
6. ZIBBCNT-26, Clinton E. Arnold, General Editor, Electronic Edition Oak Tree Software, David Garland on Mark.

declarar publicamente sua fé. A última pessoa era um jovem que pediu a todos para pararem de cantar e, de seguida, proclamou publicamente: "De sorte que a fé é pelo ouvir e o ouvir pela palavra de Deus" (Romanos 10:17).

Ele, então, clamou a sua declaração de crença em Jesus Cristo, caminhou para a água e foi baptizado na nova vida. Parecia um "momento Cornélio", uma experiência em que aqueles que não conheciam estavam agora a chegar a Cristo. Ao mesmo tempo, havia aqueles que estavam nas sombras, aqueles que adoravam os poderes do mal, que não estavam satisfeitos.

Quando começamos a nossa viagem de regresso, as águas à nossa volta começaram a girar. Elas pareciam turbulentas e perturbadas e as ondas continuaram a crescer em altura. O nosso missionário, que fazia essa viagem todos os meses, disse que nunca tinha visto nada parecido e questionou-se se o inimigo estava descontente com o que tinha acontecido nesse dia. O barco teve que desacelerar, ficando quase à deriva enquanto o capitão navegava pelas águas. Uma viagem de noventa minutos demorou, por fim, mais de três horas, chegando à costa pouco antes do pôr do sol. O silêncio envolveu o grupo durante longos períodos e muita oração se seguiu. Enquanto toda a equipa, encharcada pelas ondas, subia do barco, havia uma percepção de que os caminhos de Deus eram muito mais altos do que os nossos. Apesar de podermos ter orado para que as ondas se acalmassem, descobrimos que o nosso capitão estava habilmente a usar as ondas para surfá-las até à costa. O que pensávamos ser preocupante, ele via como capacitador. Tudo tinha a ver com a perspectiva.

Todo o grupo testemunhou de um profundo sentido de paz enquanto navegávamos nas ondas. Isto é o que Deus nos está a pedir - confiar no Senhor nos momentos mais difíceis. Os caminhos de Deus são muito mais elevados do que os nossos e mesmo as tempestades podem ser uma bênção, se aprendermos que Jesus é o foco, que Ele já conquistou a vitória, que devemos imitá-Lo, passar tempo em oração e viver cada dia vestidos com a Sua armadura. É aqui que encontramos poder. "No amor, não há temor; antes, o perfeito amor lança fora o temor" (1 João 4:18).

QUESTÕES PARA REFLEXÃO

1. Como é que se sente com a discussão sobre a guerra espiritual?

2. Como é que focar no poder e na autoridade de Cristo afecta a forma como pensa sobre a guerra espiritual?

3. Se a principal obra do inimigo é a ilegalidade, como é que o poder e a autoridade de Cristo entram em jogo?

4. Como é a imitação de Cristo na sua própria vida?

5. Como é para si manter-se firme na sua liberdade?

6. Pratique orar pela armadura completa de Deus durante uma semana e depois reflicta sobre como isso pode tocar a sua vida.

8

AZUL

Formação Espiritual, Parte 1

Dany e Carla

À s vezes o aluno torna-se professor. Há uns anos, Dany viajou de Dakar, Senegal, até Kansas City, nos Estados Unidos, para ter uma aula de formação espiritual no Seminário Teológico Nazareno. A professora dele era a Carla. Mal eles sabiam que anos mais tarde os seus caminhos se cruzariam novamente no ministério. Dessa vez, ao percorrerem o continente africano, puderam reflectir sobre o caminho da fé, mas agora, o estudante tornar-se-ia o professor.

Na escuridão das primeiras horas da manhã, tínhamos viajado para o aeroporto de Dakar, no Senegal, fazendo uma escala em Lagos e chegando a tempo para o tráfego nocturno de Port Harcourt, Nigéria. Depois de percorrermos as ruas movimentadas, chegámos ao nosso hotel, mas já era tarde demais para chegar a horas ao culto. Para não ser dissuadido, o superintendente distrital aguardava a nossa chegada e certificou-se de que uma costureira estaria presente. Porquê uma costureira? Porque eles queriam que nós - a Carla e a esposa de Dany, Anelie - estivéssemos vestidas como as outras mulheres presentes, para que nos sentíssemos como se fôssemos parte da comunidade. As medidas foram tiradas e na manhã seguinte, apareceram novos vestidos!

Chegámos ao encontro com esses novos vestidos, onde fomos carinhosamente recebidas e acolhidas na comunidade da igreja na Nigéria. As vestes significavam que estávamos incluídas e que agora fazíamos parte dessa bela comunidade de fé.

Muitas vezes, as roupas que usamos dizem algo sobre quem somos e sobre o nosso carácter. Na segunda epístola de Pedro, vemos que o povo de Deus deve ser intencional nas suas vestes. Na linguagem *wolof* do Senegal, este texto diz-nos que devemos estar vestidos no carácter de Deus.

> Visto como o seu divino poder nos deu tudo o que diz respeito à vida e piedade, pelo conhecimento daquele que nos chamou por sua glória e virtude, pelas quais ele nos tem dado grandíssimas e preciosas promessas, para que por elas fiqueis participantes da natureza divina, havendo escapado da corrupção, que, pela concupiscência, há no mundo, e vós também, pondo nisto mesmo toda a diligência, acrescentai à vossa fé a virtude, e à virtude, a ciência, e à ciência, a temperança, e à temperança, a paciência, e à paciência, a piedade, e à piedade, a fraternidade, e à fraternidade, o amor. Porque, se em vós houver e aumentarem estas coisas, não vos deixarão ociosos nem estéreis no conhecimento de nosso Senhor Jesus Cristo.
>
> (2 Pedro 1:3-8)

Os filhos de Deus são chamados a ser Seus servos eficazes e frutíferos, independentemente de onde se encontrem no mundo.

Alguma vez viu a chama num fogão a gás? A cor da chama pode variar de amarelo a laranja, vermelho ou azul. Certos tipos de gases queimam em azul, enquanto que a madeira, o carvão ou as velas queimam em amarelo, laranja ou vermelho. Curiosamente, se o seu fogão a gás não está a queimar em azul, ele tem um problema, porque o azul é um sinal de combustão completa. A combustão completa ocorre quando há um excelente fornecimento de ar e a chama pode queimar a temperaturas muito elevadas, não deixando fuligem ou cinzas.[1]

As nossas vidas espirituais são para queimar na cor azul. Esta é uma vida que é alimentada pelo oxigénio do Espírito Santo, permitindo a completa e a total submissão à vontade de Deus, reflectindo Cristo de forma tão completa que já não há resíduos de pecado. Independentemente de onde nos encontramos no mundo, descobrimos que as Escrituras nos deixam um padrão para o discipulado onde o calor da vida espiritual é despertado pela presença do Espírito Santo. O resultado é um discípulo que está vestido no carácter de Deus.

Como vimos ao longo deste livro, a jornada da vida começa em lugares diferentes e variados. Alguns nasceram no país em que vivem actualmente. Outros tiveram que aprender a adaptar-se a novas terras e culturas por causa das escolhas feitas pelos pais. Alguns podem ter nascido em casa e outros num hospital. Cada um de nós começou em algum lugar no caminho da vida e a partir desse momento, não importa o contexto cultural, há um movimento contínuo numa direcção que nos deve levar a Deus.

Este movimento deve ser definido pela obra de Jesus Cristo. Como lemos antes em Filipenses 2, devemos ter a mesma mente

---

1. Eric Hahn, "Blue Flame vs Yellow Flame vs Red Flame," LPG Gas Blog, https://www.elgas.com.au/blog/1585-why-does-a-gas-flame-burn-blue-lpg-gas-natural-propane-methane.

em nós que está em Cristo Jesus. Este é um reflexo da nossa participação n'Ele e através d'Ele, no Deus trino. Esta participação inclui viajar por toda a vida com Cristo, e enquanto estamos a caminho, aprendemos sobre Jesus, a Sua humildade e o Seu estilo de vida que se auto-esvazia. Descendo do reino celestial, por assim dizer, Ele estava disposto a entrar no nosso território. Tudo isto foi feito para nosso benefício, enquanto Ele Se vestia de carne humana, para que pudesse criar uma forma de nos vestirmos d'Ele.

É fácil imaginar esta viagem quando está a atravessar as colinas do sudeste de África do Sul em direcção a Essuatíni (a antiga Suazilândia). Descemos uma montanha, entramos no vale e depois subimos a próxima montanha. Jesus começou a Sua viagem no topo do monte, mas escolheu descer para o vale e viver com a Sua criação. É no vale que Ele santifica a jornada humana, onde cada passo da vida comum - comer, beber, trabalhar e descansar - é santificado pela Sua presença. Em última análise, Ele morre na cruz e tudo isso é feito para que possamos ser vestidos na Sua santidade.

Jesus precisa de força para a viagem de regresso ao monte e isso vem do poder da ressurreição. Cheio de poder vindo do Espírito Santo, Jesus é capaz de fazer o caminho, ao mesmo tempo que esculpe um caminho para que possamos seguir. É por isso que não importa onde a nossa jornada começa aqui na terra, porque ao seguir Jesus, encontramos o nosso caminho espiritual. Assim como Ele não permaneceu no vale, não devemos permanecer aos pés da cruz, mas devemos tomar a nossa cruz e segui-Lo. Segui-Lo torna-se um caminho quotidiano e passo a passo de fé, onde crescemos continuamente na nossa fé, acrescentando e enriquecendo aquilo que já compreendemos.

A tradução *Wolof* nos encorajaria a ver esse crescimento como peças de roupa que começam a envolver não apenas as nossas vidas pessoais, mas também os nossos relacionamentos e envolvimentos com os outros. Quando estamos cheios do verdadeiro conhecimento de Cristo, tornamo-nos participantes das qualidades morais e virtuosas do próprio Cristo. Tornamo-nos vestidos de Cristo quanto mais subimos a montanha. A grande questão para todos nós é: "vai escalar a montanha?". Para muitos, a subida parece difícil e por isso, escolhemos contentar-nos com a segunda melhor opção, que é a de permanecer vestidos com roupas íntimas gastas com quase nenhuma semelhança com o Cristo ao qual fomos chamados a seguir.

A intenção de Deus é que cada seguidor viva uma vida cristã na qual arda intensamente por Jesus - com combustão total. Isto não é algo que Deus nos pede para fazer por conta própria, pois precisamos da presença do Espírito Santo para nos capacitar para a jornada. É por isso que, na epístola de Pedro, ele nos diz que somos convidados a ser participantes da natureza divina. Isto é possível através de Jesus a ser vestido na carne. Se Jesus, na carne, é um com o Deus trino, então, Ele torna-Se a porta através da qual podemos estar em santa comunhão com a natureza divina, "havendo escapado da corrupção, que, pela concupiscência, há no mundo" (2 Pedro 1:4). Podemos estar vestidos no carácter de Deus, por causa do que Cristo fez, e este é apenas o início da jornada, não a meta.

Todo o caminho começa com a fé e cresce até chegarmos ao destino do amor santo. Quando pensa sobre isso, a fé, a esperança e o amor são virtudes cristãs, virtudes que nós, como seguidores de Cristo, devemos "colocar" quando estamos na nossa jornada espiritual. As outras virtudes que Pedro menciona são os ideais greco-romanos que são cristianizados porque estão entrelaçados no início e no fim pela fé e pelo amor; essas virtudes cristãs cercam todas as outras.

Essas virtudes cristãs, ou crescimento na santidade, podem florescer dentro da beleza de uma variedade de culturas e ambientes. A santidade, por vir de Cristo, transcende a cultura e ainda permite que a cultura brilhe. No dia seguinte à nossa chegada à Nigéria, as senhoras estavam todas vestidas da mesma forma, mas isso não mudou quem éramos ou de onde éramos. No entanto, unificou-nos como mulheres de um só Corpo, servindo ao Senhor juntas. Carla estava vestida como as senhoras, mas ainda tinha a pele branca, o cabelo loiro e a incapacidade de dançar. A esposa de Dany, Anelie, também estava a usar o mesmo vestido, e mesmo que ela fosse da África Ocidental - ela era senegalesa - não se tornou, de repente, nigeriana. No vestido, Anelie estava radiante por quem ela era. Quando estamos vestidos de santidade, não somos chamados à conformidade, mas à bela diversidade em Cristo.

Às vezes, os missionários falham o objectivo pois não entenderam a chamada plena à participação na cultura. Um homem veio para África para trabalhar como missionário e estudou a língua local como nenhum outro missionário antes dele o tinha feito. A sua fluência na língua local surpreendeu todos aqueles que o ouviam falar. Um dia, foi convidado para um casamento e usou roupas pobres e tradicionais e chinelos. Os que lá estavam ficaram horrorizados com a sua aparição porque nessa cultura, estar bem vestido significa que se valoriza e honra o acontecimento. Este homem podia falar a língua fluentemente, mas de alguma forma perdeu-se na aprendizagem da cultura e no que vestir. Os sapatos nos seus pés eram aqueles que se usam na casa de banho. Ele podia falar a língua, mas vestiu as roupas erradas.

Infelizmente, isto acontece com demasiada frequência quando se trata da vida de santidade. A linguagem e as palavras podem estar presentes, mas a roupa usada é errada. As palavras do testemunho perdem-se no traje inapropriado. Não importa de que cultura vem, Pedro diz-nos que devemos usar a roupa da santidade e que é colocada uma peça de cada vez enquanto fazemos a subida espiritual em direcção a Deus. À medida que somos capacitados pelo Espírito Santo, a chama queima na cor azul e a vida é transformada.

A transformação interna será sempre reflectida no exterior. A nossa roupa espiritual será um reflexo directo do trabalho que Deus está a fazer no coração. Se o foco for apenas a roupa exterior, e não a mudança interior, o trabalho será apenas temporal. João Wesley falou sobre a santidade dentro da estrutura e compreensão de Cristo. Como resultado, a santidade cristã para Wesley significava "ter toda a mente que estava em Cristo, permitindo-nos andar como Ele andou... amar a Deus de todo o coração e o nosso próximo como a nós mesmos".[2] Esse entendimento levou Wesley a envolver-se no trabalho da reforma prisional porque era o resultado lógico da sua jornada espiritual.

Pedro diz-nos que a roupa fundamental necessária para a vida santa é a fé. Cada virtude ou prática da vida cristã é baseada, e brota, da prática anterior. Se não há fé, não pode haver vida santa. É muito simples - e primário: devemos crer e confiar em Deus para a salvação. As forças estão a trabalhar tentando afastar-nos da nossa fé, dizendo-nos que não devemos acreditar em nada que não tenha passado pelo processo científico. No seu livro *I Don't Have Enough Faith to Be an Atheist*, Norman Geisler desafia a suposição de que é difícil ter fé em Deus e mais fácil ter fé na humanidade e no estudo científico.[3] Ele identifica as lacunas na compreensão humana que devem ser

---

2. Citado em Dean E. Flemming, *Philippians: A Commentary in the Wesleyan Tradition*, New Beacon Bible Commentary (Kansas City: Beacon Hill Press of Kansas City, 2009), 174.

3. Norman L. Geisler, *I Don't Have Enough Faith to Be an Atheist* (Wheaton, IL: Crossway Publishers).

preenchidas com fé em algo, que está muito além de acreditar num Deus Criador.

Porque toda a humanidade foi dotada de livre arbítrio, podemos escolher ter ou não fé em Deus. C. S. Lewis expressou bem esta ideia, ao escrever: "No fim, há apenas dois tipos de pessoas: aqueles que dizem a Deus: 'Seja feita a Tua vontade', e aqueles a quem Deus diz: 'Seja feita a tua vontade.' Todos os que estão no Inferno escolheram-no. Sem essa auto-escolha não haveria Inferno. Nenhuma alma que deseje de forma séria e constante a alegria irá perdê-la. Aqueles que procuram, encontram. Aqueles que batem, a porta é-lhes aberta.[4] Podemos escolher ter fé em Jesus Cristo, Aquele que nos salva e torna possível o caminho espiritual.

Infelizmente, o crescente secularismo de muitas culturas assumiu o papel de definir a verdade para a sociedade. Esta versão da verdade incentiva uma fé individualista em si mesmo e nos sistemas sociais para fornecer segurança. Todas elas são construções ocidentais e contrárias a uma compreensão comunal africana da vida. Enquanto isto é do mundo secular, estas construções estão a invadir o tecido social de outras culturas por causa do domínio desse pensamento. Por causa das imperfeições do eu e dos fracassos da sociedade, há um aumento do medo e da ansiedade, que são a antítese da fé. A chamada de Deus é de vir e participar numa vida que é construída sobre a fé em Jesus Cristo. Este é o ponto de partida para todos os filhos de Deus.

Uma vez que temos fé em Jesus, somos capazes de começar a contar as nossas histórias. Começámos este livro a escrever as nossas próprias histórias e, no processo, descobrimos que a nossa reflexão nos ajudou a discernir o nosso próprio

---

4. C. S. Lewis, *The Great Divorce* (New York: Macmillan, 1946), 72.

crescimento e desenvolvimento espiritual. O apóstolo Pedro sabia que contar histórias era vital, ao escrever: "Santificai a Cristo, como Senhor, em vosso coração; e estai sempre preparados para responder com mansidão e temor a qualquer que vos pedir a razão da esperança que há em vós" (1 Pedro 3:15). Contar a nossa história é vital e transforma-se na nossa vida, porque só podemos falar da esperança que está dentro de nós quando estamos firmemente apoiados no fundamento da fé. Brené Brown diz-nos: "quando encontramos a coragem de partilhar as nossas histórias, ultrapassamos a vergonha e acabamos com o silêncio. Quando não nos aproximamos, muitas vezes acabamos com medo, culpa e desconexão."[5] É o que acontece quando paramos de conversar e de ouvir as histórias uns dos outros. Começamos a ter medo uns dos outros, culpando-nos e desligando-nos das relações que possamos ter tido.

As histórias das famílias Gomis e Sunberg são radicalmente diferentes. Ao viajar juntos, tivemos muitas horas para partilhar histórias. Chuck e Carla contaram como se conheceram e como Deus os guiou no ministério para a Rússia. Eles falaram sobre as coisas boas da vida, mas também sobre as dolorosas. Dany e Anelie falaram sobre as transições pelas quais passaram na vida, sobre as suas famílias e sobre os seus filhos. Falamos sobre os livros mais recentes que tínhamos lido e como eles tinham lançado luz sobre o nosso pensamento. Rimos, chorámos, comemos, ministrámos juntos, e isso mudou a nossa relação. O medo é substituído pela confiança quando nos aproximamos para partilhar a nossa história com quem tem uma história diferente da nossa.

Contar histórias muitas vezes tem um nome diferente no testemunho da Igreja. A narrativa oral é mais prevalente em

---

5. Brené Brown, *Dare to Lead* (New York: Random House Publishing Group), 12.

algumas culturas do que noutras. Enquanto seguíamos pelas estradas do Gana, o nosso líder começou a contar as histórias daqueles que vinham a Cristo. Em toda a África Ocidental há um movimento entre aqueles que contam a história de Jesus todos os dias enquanto seguem com as suas vidas comuns. Enquanto o nosso líder falava, era como se o próprio apóstolo Paulo estivesse a contar a obra que Deus estava a fazer e os nossos corações estavam encorajados porque agora sabíamos um pouco do que ele estava a encontrar na missão.

No cristianismo primitivo, as testemunhas da obra de Jesus Cristo ficaram conhecidas como mártires, e no mundo romano, muitas vezes significava o sacrifício final. Os mártires modernos existem em áreas onde a fé em Jesus pode não estar presente. As equipas da JESUS Film Partnership muitas vezes arriscam as próprias vidas quando entram em áreas hostis a Cristo. Sacrificialmente, saem uma e outra vez, percebendo que podem nunca mais voltar a casa, dispostos a tornar-se mártires pela fé. Eles conhecem a necessidade de dar testemunho e testemunhar a realidade de Jesus.

Embora cada um de nós possa conhecer Deus intima e pessoalmente, a fé geralmente vem até nós através da interacção com outro ser humano: pode ser uma mãe que ensina o seu filho a orar, um ministro a pregar uma mensagem de esperança ou um ensino missionário sobre a doutrina da santidade. No caminho normal da vida, pode ser um amigo que diz ao outro como foi transformado por um encontro com Jesus. O historiador Robert Wilken lembra-nos que "a verdade que os cristãos confessam é transmitida através de outras pessoas, através da comunidade cristã, da Igreja. Não há caminho para Cristo sem mártires, sem testemunhas".[6] Tudo isto serve para fortalecer o fundamento da fé.

Os obstáculos à fé abundam e tornam-se barreiras para o crescimento espiritual que Deus pretende. O inimigo usará todas as oportunidades para nos separar da comunidade de fé, onde temos o potencial de prosperar espiritualmente. É por isso que Pedro disse aos crentes para apoiarem a sua fé com bondade. Wesley lembra-nos da natureza vertical e horizontal da nossa fé. Devemos ter um relacionamento profundo e permanente com Jesus Cristo que deve ser reflectido pelas formas como agimos e reagimos neste mundo. Selada à imagem de Deus, a bondade reside no coração de cada ser humano e deve ser obra da comunidade de fé oferecer oportunidades para que todos participem em actos de bondade.

A bondade não é tanto uma peça de roupa, mas é um reflexo do próprio corpo. A bondade vem de dentro e depois torna-se visível do lado de fora. Esta é a força de carácter, uma pessoa com valores que foi moldada e formada pela natureza interior de Jesus Cristo. O resultado é alguém com integridade que tem de estar disposto a sair da sua zona de conforto, falando e agindo com coragem, independentemente da cultura.

Às vezes, somos ingénuos e desconhecemos o que está a acontecer à nossa volta e não conseguimos ver como nos devemos envolver com a bondade de Deus. Eu, Carla, estava a voar a noite toda de Paris até Mumbai. Na manhã anterior, tinha-me levantado antes do amanhecer para poder fazer o meu voo de Moscovo. Estava a nevar bastante, mas decidi que me devia vestir de acordo com a minha cidade destino, em vez da cidade de partida. Calcei um par de sandálias quando saí pela porta, na esperança de não ficar muito frio ao andar pela neve. No

---

6. Robert Louis Wilken, *The Spirit of Early Christian Thought: Seeking the Face of God* (New Haven, CT: Yale University Press, 2003), 180.

caminho para o aeroporto, o carro derrapou, girando pelas três faixas da estrada antes do meu amigo Vladimir colocar o carro de volta na estrada. Chegámos ao aeroporto e embarquei para Paris. Ao chegar um pouco tarde em Paris, tive que correr pelo aeroporto Charles de Gaulle para apanhar o voo para Mumbai. Estava a juntar-me a um grupo de enfermeiras, que iam para o Hospital Memorial Reynolds em Washim para uma semana de ensino e depois passaria duas semanas de trabalho com outros líderes da região que nos levariam pela Índia. Cheguei à porta de embarque sem fôlego e descobri que todos já tinham embarcado, mas que eu ainda tinha tempo. Encontrei o meu lugar, fiz contacto visual com os outros membros da equipa e instalei-me para a viagem noturna.

No meio do voo, o capitão anunciou que o nosso voo seria mais longo do que o programado, porque a guerra acabara de começar debaixo de nós - a segunda Guerra do Iraque. Tivemos de sair do espaço aéreo, para fora de perigo, e finalmente, depois de muitas horas, pousamos em Mumbai. Pronta para a minha visita de três semanas à Índia, esperei com os membros da minha equipa pela minha bagagem. Fui ao balcão de bagagens onde confirmaram que a minha mala estava em segurança em Paris. Também me informaram que estavam a cancelar todos os voos por causa da guerra e não tinham ideia de quando a minha bagagem chegaria à Índia. À minha frente tinha três semanas de estadia e não tinha nenhuma bagagem. Fiquei feliz por ter usado as minhas sandálias.

Nós que não tínhamos bagagem, fomos instruídos a ficar em fila, pois a companhia aérea iria compensar-nos para que pudéssemos obter alguns produtos de higiene pessoal ou itens necessários. Um homem saiu com uma pilha de dinheiro e de repente, todos estavam a gritar e a empurrarem-se uns aos outros. Eu realmente não sabia o que estava a acontecer, mas estava perto da frente da fila e por isso segurei nas minhas coisas e esperei até que chegasse a minha vez. O homem entregou-me o equivalente a 100 dólares como compensação pela minha bagagem perdida. Eu não tinha ideia do que deveria receber ou do quanto custava o que quer que fosse - só sabia que não tinha nada. Tanto quanto podia dizer, eles estavam a dar a todos a mesma quantidade - até ficarem sem dinheiro. Eu estava a sair do salão das chegadas quando ouvi pessoas a gritarem com o homem atrás do balcão. "Só lhe deu dinheiro porque ela é branca e agora já não há dinheiro para nós."

Fiquei horrorizada. Não tinha recebido o mesmo que as pessoas à minha frente? Deveria voltar e tentar devolver o dinheiro? Reflecti muitas vezes sobre essa experiência no aeroporto de Mumbai. Depois de pensar e repensar na minha mente, acho que recebi tratamento especial por ser branca e isso chateia-me.

No momento, não percebi o que estava a acontecer porque a minha mente não acreditava que este tipo de coisa realmente acontecesse neste mundo. Isso era injustiça a um nível muito visível e doía profundamente dentro da minha alma.

A bondade é reflectida pelas formas pelas quais nos envolvemos com a injustiça. Às vezes não sabemos como responder, mas se há bondade em nós, isso deve criar uma reação que mudará as respostas futuras. Começamos a ver injustiça e a responder com bondade. Ao longo das Escrituras, a justiça e a bondade estão frequentemente ligadas:

"Não perverterás o direito do teu pobre na sua demanda" (Êxodo 23:6).

"Que faz justiça ao órfão e à viúva e ama o estrangeiro, dando-lhe pão e veste" (Deuteronómio 10:18).

"Não torcerás o juízo, não farás acepção de pessoas, nem tomarás suborno, porquanto o suborno cega os olhos dos sábios e perverte as palavras dos justos. A justiça, somente a justiça seguirás, para que vivas e possuas em herança a terra que te dará o Senhor, teu Deus" (Deuteronómio 16:19-20).

"Não perverterás o direito do estrangeiro e do órfão; nem tomarás em penhor a roupa da viúva" (Deuteronómio 24:17).

Vemos bondade nas formas como cuidamos dos pobres, dos órfãos, dos estrangeiros e das viúvas. Mostrar justiça em todas as transacções é fundamental e nunca devemos permitir que alguém se vá embora sem ter as suas necessidades básicas supridas.

Há uns anos, no que é hoje a Turquia, havia uma fome terrível. O povo da igreja recusou-se a ajudar aqueles que estavam em necessidade. Durante um dos seus sermões, o bispo local fez esta crítica à sua congregação:

> Vestem lindamente os vossos muros, mas não vestem o vosso próximo; adornam cavalos, mas afastam-se da situação vergonhosa do vosso irmão ou irmã; permitem que o grão apodreça nos vossos celeiros, mas não alimentam aqueles que estão famintos; escondem o ouro na terra, mas ignoram os oprimidos! E se a vossa mulher for uma pessoa que adora dinheiro, então a doença é duplicada nos seus efeitos. Ela desperta o amor ao luxo e inflama o desejo de prazer, estimulando perseguições infrutíferas. Tais mulheres esforçam-se para obter pedras preciosas e metais de todos os tipos. . . . Elas não dão a ninguém um segundo para respirar com as suas demandas incessantes![7]

A bondade estava frequentemente na vanguarda das missões nazarenas, à medida que hospitais, clínicas e escolas eram

---

7. Basil, Homily 7, "To the Rich," 4.47.

erguidos em todo o mundo. Todos elas foram construídas sobre o fundamento da fé, com a natureza de Cristo visivelmente presente em fazer o bem e no falar de injustiça. Este tem sido um sinal visível de quem somos como povo santo de Deus. Compreendemos a ligação entre bondade e justiça, mas quando os dois se desligam, temos de reflectir sobre se continuamos a crescer como povo santo de Deus.

QUESTÕES PARA REFLEXÃO

1. O que é que as roupas que veste dizem sobre si?

2. O que é preciso para que a sua vida espiritual se acendeie com combustão total?

3. Como é que a sua cultura influencia o seu movimento em direcção a Deus?

4. Vai escalar a montanha? E, em caso afirmativo, o que é que precisa de fazer para continuar a crescer espiritualmente?

_____

_____

5. O que acontece quando alguém pode falar fluentemente a língua da santidade, mas está a usar a roupa errada?

_____

_____

_____

6. Como partilharia a sua história?

_____

_____

_____

7. Em que actos de bondade participou?

_____

_____

_____

9
AZUL
Formação Espiritual, Parte 2

Dany e Carla

O carro parou na rua cheia, perto do topo de uma colina. As casas alinhadas na estrada não permitiam ver o que estava abaixo. O superintendente distrital e o director da escola cumprimentaram-nos e mostraram-nos o caminho para um conjunto de escadas de pedra que levariam ao pátio da escola no fundo de uma colina íngreme. Enquanto descíamos na direcção da escola, ouvimos os tambores a bater e as crianças a cantar. Esta escola ficava no coração de Antananarivo, a capital de Madagáscar. Durante muitos anos, centenas de crianças de rua foram ministradas através da escola construída em parceria com os Ministérios Nazarenos de Compaixão.

Fomos conduzidos ao redor do edifício para ver uma nova capela, que acabara de ser concluída. Estávamos lá para dedicar as instalações. Foi pedido a Carla que retirasse o pano da placa de dedicação e depois cortasse a fita. Depois, houve uma celebração com jovens que cantavam e dançavam. Dany pregou uma mensagem de dedicação e fez uma oração de bênção sobre a nova instalação. Para concluir a noite, íamos cortar o enorme bolo que tinha sido feito para a celebração e de seguida juntar-nos-íamos a todos para desfrutar da hospitalidade dos nossos anfitriões. Esta igreja e escola tinham sido um lugar de transformação para centenas de crianças de rua, muitas das quais agora eram líderes na igreja.

É preciso coragem para continuar a crescer espiritualmente e para avançar em direcção ao conhecimento. O uso desta palavra é fascinante no contexto de Pedro porque o mundo romano estava obcecado com o conhecimento oculto especial ou gnose. A sociedade valorizava e estimava aqueles que talvez tivessem conhecimento além do que era entendido de forma comum. Este conceito tinha entrado na igreja e resultou numa heresia conhecida como gnosticismo. O problema com o gnosticismo era que se tratava de conhecimento por causa ou para o bem do indivíduo e não da comunidade ou da sociedade. Voltando à epístola de Pedro, quando se veste com fé e é moldado pela bondade, então o conhecimento prosperará para o benefício de todos.

O mundo diante de nós está a mudar rapidamente. Para muitos, o mundo já não se assemelha ao mundo em que nascemos. Como povo de Deus, sendo moldado e formado no caminho, somos chamados a servir nesta nova realidade. Por mais que tentemos, queremos estar preparados para o que está por vir, mas isso terá que ser um empreendimento corporativo. Somente quando aprendermos uns com os outros e nos unirmos, vestidos com as vestes de Deus, seremos capazes de enfrentar o futuro.

Frederick Buechner, em *Telling the Truth*, diz: "as pessoas estão preparadas para tudo, excepto para o facto de que além da escuridão da sua cegueira há uma grande luz".[1] Podemos sentir que estamos num lugar escuro. Muito está além da nossa compreensão, mas além da nossa luta há uma luz que é maior do que qualquer coisa que possamos imaginar. Para alcançar a luz, temos de continuar a jornada, mas às vezes não sentimos que temos energia para avançar. Ficamos contentes por ficar onde estamos, mesmo que seja na escuridão. Buechner adverte-nos que perderemos o que Deus tem para nós:

> Eles estão preparados para continuar a dar cabo das suas costas, arando o mesmo velho campo até que as vacas cheguem a casa cegas, até magoarem os dedos dos pés nele, pois há um tesouro enterrado naquele campo rico o suficiente para comprar o estado do Texas. Eles estão preparados para um Deus que faz duras negociações, mas não para um Deus que dá tanto por uma hora de trabalho como por um dia de trabalho. Eles estão preparados para um Reino de Deus de semente de mostarda não maior do que o olho de uma salamandra, mas não para que a grande árvore em que se torna, com pássaros nos seus ramos a cantar Mozart.
>
> [Nós] estamos preparados para partilhar comida na [igreja], mas não para as bodas do Cordeiro e quando o noivo finalmente chega à meia-noite com as folhas de videira no seu cabelo, [nós] aparecemos com as [nossas] lâmpadas para o iluminar no seu caminho, só que [nos] esquecemos do óleo que elas precisam e ficamos lá com os [nossos] pés grandes, nus e virgens a brilhar levemente no escuro.[2]

---

1. Frederick Buechner, *Telling the Truth: The Gospel as Tragedy, Comedy, and Fairy Tale* (New York: HarperCollins, 1977).
2. Buechner, *Telling the Truth*.

Esta é a vida dos crentes que param de seguir Jesus no meio da montanha. Eles podem fazer parte do caminho, mas depois caem numa rotina que não leva a lugar nenhum. Exteriormente, olham para a parte, testemunhando a inteira santificação e seguindo todas as regras do Manual, enquanto interiormente, pararam de crescer. Praticar a bondade tem sido gratificante, mas ao falhar em continuar no conhecimento, o seu crescimento espiritual ficou atrofiado.

O conhecimento deve ser entendido em relação a Deus. Ninguém deve imaginar que tem todo o conhecimento e compreensão, pois isso pertence apenas a Deus. Devemos ter uma inclinação para a aprendizagem, uma fome de mais compreensão e uma sede de conhecimento. Com essa mentalidade, não vamos ao mundo a pensar que temos todas as respostas, mas vamos à procura de tesouros. Na humildade, abordamos novos cenários e culturas com o desejo de aprender. Michael Goheen diz que não devemos ser como comerciantes de pérolas, mas como caçadores de tesouros: "os comerciantes de pérolas têm algo para dar, enquanto os caçadores de tesouros vêm de mãos vazias à procura do tesouro já presente em várias culturas do mundo".[3] Estar vestido de conhecimento é viver humildemente num mundo em constante mudança, sempre disposto a aprender algo novo.

A jornada tem sido árdua, começando de manhã cedo e passando pela segurança mais vezes do que alguém gostaria de contar. Incluía uma escala em Adis Abeba e tempo para café e partilha com líderes cujas histórias de fé saíram directamente do Novo Testamento. Juntos, rimos, orámos e louvámos a Deus antes de termos de sair para o próximo aeroporto. O pequeno avião propulsor foi para o terminal e fomos conduzidos para

---

3. Michael W. Goheen, *Introducing Christian Mission Today: Scripture, History, and Issues* (Downers Grove, IL: InterVarsity Press, 2014), 285.

encontrar assento. O voo não foi longo, mas quando pousámos, podia-se dizer imediatamente que estávamos longe da cidade moderna que tínhamos acabado de deixar para trás. Num veículo de tracção de quatro rodas, saltámos sobre estradas de terra ensacadas através da pesada floresta verde. Finalmente, apareceu uma cidade cheia de actividade. Ela era o centro da vida para muitos que viviam nos inúmeros campos de refugiados no território circundante. Milhares de sudaneses do sul tinham chegado a esse lugar para encontrar segurança e descanso da violência que tinham experimentado em casa.

Os missionários não entraram nos campos de refugiados como vendedores de pérolas, mas à procura de tesouros de Deus escondidos. O que eles descobriram foram campos cheios de homens, mulheres, jovens e crianças, famintos por saber mais sobre Jesus. Eles contaram as suas histórias e muitos começaram a jornada da fé. Domingo de manhã fomos levados para a igreja local, onde muitas pessoas se reuniam para um dia especial de ordenação. Os missionários não só contaram ao povo sobre Jesus, mas também os ajudaram a crescer e a adquirir conhecimento. Lá, dentro das paredes dos campos de refugiados, foram estabelecidas escolas para ajudar a treinar pastores e líderes.

No Antigo Testamento, encontramos a história familiar de Daniel e dos seus três amigos, Sadraque, Mesaque e Abednego. Estes jovens tinham sido criados intencionalmente para servir ao Senhor. Mal sabiam eles que o seu serviço teria lugar numa terra estrangeira. Exilados, tinham de aprender a sobreviver no meio de um contexto novo e desconhecido.

Quando a vida não corre como planeado, é fácil arranjar desculpas. Porquê continuar a seguir Jesus até à montanha quando as coisas dão para o torto? Daniel e os seus três amigos tinham sido criados para liderar o povo de Deus em Israel

- pensavam eles. O exílio nunca se tornou uma desculpa para esses homens e eles recusaram-se a ser dissuadidos do caminho para o qual tinham sido chamados. Escolhidos pelos babilónios para a formação de liderança, eles levaram a sério a sua responsabilidade. Extremamente auto-disciplinados, eles eram cuidadosos com os seus corpos físicos, bem como com as suas mentes. Aproveitando-se do grande conhecimento que encontraram na Babilónia, aplicaram-se e receberam uma excelente educação. A formação religiosa e o estudo da Torá tinham sido parte da sua educação infantil, mas agora, para serem os líderes que Deus queria que fossem, dedicaram-se à tarefa de aprender. Eles estudaram muito além do que aprenderam em Israel e tornaram-se hábeis em literatura e sabedoria.

Foi a Daniel que Deus deu a capacidade sobrenatural: Ele deveria aplicar tudo o que tinha aprendido na interpretação de visões e sonhos. Tudo o que faziam, todo o seu trabalho, devia ser feito com humildade e serviço diante do Senhor. Como resultado, esses jovens acabaram por se tornar grandes líderes na nação, respeitados pela sua sabedoria - mesmo que fossem estrangeiros! De alguma forma, eles entenderam que precisavam de estar armados com tudo o que lhes era oferecido, mesmo por meio de um rei estrangeiro e, desta forma, foram capazes de navegar pelas águas inexploradas do seu mundo.

A educação sempre foi um alicerce vital do trabalho da igreja. Aqueles que se propuseram a estabelecer missões em Eswatini acreditavam que as escolas eram um resultado necessário das missões. Ainda hoje, ao conduzir ao longo do reino de Eswatini, verá um sinal para uma escola nazarena a cada poucos quilómetros. Mas a atitude em relação ao conhecimento e à educação mudou nos últimos anos? A cultura tornou o mundo consumidor e, de repente, a educação não é necessariamente para um bem maior, mas tornou-se um produto a ser comprado pelo consumidor. Em vez de investir na educação para o bem da comunidade, o consumidor procura o produto que pode ser comprado ao preço mais barato e com o menor esforço. Vamos chamá-lo de educação e/ou gratificação "instantânea".

O problema com este plano é que, a longo prazo, não produzirá a profundidade de liderança que encontramos em Daniel e nos seus amigos. Durante anos, eles dedicaram-se ao estudo da cultura, literatura e conhecimento científico dos babilónios. Como resultado, esses quatro jovens literalmente viraram a maré de uma nação inteira de pessoas para Deus - e não apenas o seu povo, mas também o povo da terra estrangeira em que viviam. Isto não significa que tudo correu sempre bem. Eles depararam-se com uma cova de leões e uma fornalha muito quente, mas mantiveram a sua integridade e permaneceram na verdade que descobriram. Eles conheciam a Palavra de Deus, mas também conheciam as leis da terra e eram inteligentes o suficiente para usá-las para o bem.

Os atalhos de hoje não nos darão os tipos de líderes que precisamos para o futuro. O nosso mundo não está a tornar-se mais simples, mas mais complexo. Para que os cristãos possam navegar nas grandes mudanças que estamos a enfrentar, precisamos que aqueles que estarão dispostos a pagar o preço, tanto financeiramente como no investimento de tempo, aprendam tudo o que puderem e, de seguida, apliquem essas verdades na liderança. Embora desafiador, este tipo de educação deve-se tornar acessível a todos os filhos de Deus. Quando não fornecemos caminhos para todos que são capazes de receber uma educação, colocamos limites para quem terá permissão para servir em posições de liderança. Pode parecer um empreendimento assustador e, no entanto, Deus está a chamar alguns dos Seus filhos para fazer um compromisso; para pagar o preço de se tornarem o tipo de líderes influentes e bem educados que

Deus precisa para o futuro. O mundo precisa desesperadamente de uma miríade de vozes cristãs que possam falar sobre as questões complexas dos nossos dias.

Vamos voltar àquela manhã de domingo na Etiópia. Os jovens reuniram-se na igreja, centenas deles, todos refugiados de outra terra. Eles ouviram Dany a partilhar a história de Daniel, Sadraque, Mesaque e Abednego. Encantados, agarraram-se a cada palavra enquanto ouviam o desafio de ter fé em Deus e praticar a bondade, mas também para se certificar de que estavam preparados para o que Deus pode ter reservado para o seu futuro. Muitos já estavam a aproveitar todas as oportunidades que lhes eram oferecidas, mesmo ao viver num campo de refugiados.

Depois de uma pequena pausa, começou a celebração de ordenação. Vinte e três indivíduos - dezasseis mulheres e sete homens - avançaram para serem ordenados, como diáconos ou presbíteros na igreja. Esses indivíduos já tinham tomado o tempo para estudar e estar preparados para o ministério actual e futuro. A maioria das ordenações eram dos campos de refugiados, que ministravam entre os seus companheiros de viagem que também tinham escapado da guerra em casa. Sabendo que nunca mais voltariam à sua pátria, estavam a preparar-se para um novo futuro, no qual o seu conhecimento e fé em Jesus Cristo iria com eles. Quer fossem enviados para o Alasca, Texas ou Europa Ocidental, eles agora estavam preparados para serem missionários, partilhando as boas novas de Jesus ao longo do caminho. Tinham acrescentado à sua fé, bondade e conhecimento.

Estas irmãs e irmãos em Cristo mostraram-nos a coragem necessária para nos revestirmos continuamente das virtudes da semelhança com Cristo. O apóstolo Pedro sabia que isto não era o fim da viagem e que haveria mais vestes a serem usadas.

À medida que as camadas adicionais são adicionadas, a noiva irradia beleza.

De alguma forma, as tentações da carne parecem transcender barreiras culturais e fronteiras geográficas. A vida no Reino de Deus exige auto-domínio, uma capacidade de mostrar contenção ao enfrentar a oportunidade de satisfazer os seus desejos físicos. Vestir-se com auto-domínio pode exigir a definição de limites intencionais e eles podem precisar de ser redefinidos repetidamente.

O apóstolo Paulo muitas vezes expressou as suas preocupações sobre a imoralidade sexual. O mundo romano do primeiro século estava preenchido com todos os tipos de actividade sexual imaginável. Para as pessoas da sociedade romana que chegavam a Cristo, a chamada à semelhança com Cristo era profundamente contra-cultural. Os falsos mestres tentavam seduzir os novos crentes a ceder a qualquer desejo físico, que muitas vezes tinha consequências negativas. Finalmente, depois de se terem desviado, tornar-se-iam instrumentos de sedução.[4]

O efeito dominó criado pela falta de auto-domínio é devastador e muito mais na igreja. As histórias não precisam vir de África, da América ou da Europa, porque existem em todos os lugares. A falta de auto-domínio cria uma teia de dor e sofrimento, desde aquele que é abusado, passado pela família do abusador e até aos membros da igreja cuja fé é abalada. O testemunho da igreja está manchado porque o mundo sabe que as pessoas que proclamam uma mensagem de santidade deviam estar a praticar o auto-domínio.

As tentações da carne não são apenas de natureza sexual. Há um ditado: "os americanos vivem para comer enquanto o resto do mundo come para viver". A obesidade tornou-se

---

4. Daniel Powers, *1 & 2 Peter/Jude: A Commentary in the Wesleyan Tradition, New Beacon Bible Commentary* (Kansas City: Beacon Hill Press of Kansas City, 2010).

numa das principais causas de problemas de saúde nas nações mais desenvolvidas. A abundância e a variedade de alimentos disponíveis tornou-se uma tentação espalhada diante das pessoas nas prateleiras dos supermercados e nas mesas dos restaurantes. O auto-domínio é auto-negação intencional para conhecer Cristo. Quando cuidamos dos corpos físicos que Deus nos deu, estamos melhor preparados para nos envolver no ministério. Quando, intencionalmente, negamos a comida para um período de jejum, aproximamo-nos do Senhor.

Estreitamente ligada ao auto-domínio está a perseverança. Não podemos simplesmente praticar o auto-domínio numa ocasião e parar, mas a prática deve tornar-se numa parte da vida. Os relacionamentos também requerem perseverança. Dany, Anelie e Carla terminaram um longo dia de viagem e foram jantar para falar sobre os eventos planeados para o dia seguinte. Parte da conversa incluiu uma revisão da reunião que tinham acabado de concluir.

À medida que a noite passava, parecia que Dany estava chateado. Tinha acontecido alguma coisa na conversa e, tendo perseverança, descobriu-se um mal-entendido cultural acerca de alguma coisa que tinha sido dita. Uma pessoa percebeu-o de uma forma, enquanto essa não era a intenção da outra. Quando vimos de culturas e origens diferentes, às vezes podemos pensar que estamos a falar a mesma língua, mas ninguém entende o que está a ser dito. Para que os irmãos e as irmãs na fé se dêem bem uns com os outros, deve haver perseverança, que é um compromisso de continuar a prosseguir, mesmo quando é difícil. Naquela noite, continuámos com a conversa até descobrirmos o mal-entendido. Somente ao perseverar, recusando-nos a desistir, é que fomos capazes de esclarecer o mal-entendido. Através da perseverança, continuamos a subir, e as vestes da noiva continuam a ser tricotadas, unindo o povo santo de Deus.

À medida que estamos vestidos com as vestes de Deus ao longo da jornada espiritual, começa a desenvolver-se uma semelhança familiar. Curiosamente, essa semelhança familiar transcende a cultura, raça, etnia e género. A chamada para se revestir de piedade é uma atitude de respeito para com a autoridade de Deus. Isto inclui a submissão à vontade de Deus, que influencia o nosso comportamento para com os outros. Independentemente se o nosso irmão em Cristo é da Rússia ou do Malawi; respeitaremos toda a humanidade porque todos são criados à imagem de Deus. É por isso que a afeição mútua é um resultado natural da nossa atitude em relação a Deus. A forma como agimos para com os outros dá testemunho da nossa caminhada com Cristo. O amor fraterno dentro da comunidade de fé é fruto da maturidade espiritual e de uma vida de santidade.

O desejo de Jesus era que o mundo olhasse para a igreja em toda a sua beleza e visse como os que estavam dentro das suas paredes se amavam. Jesus ordenou aos Seus discípulos: "Um novo mandamento vos dou: Que vos ameis uns aos outros; como eu vos amei a vós, que também vós uns aos outros vos ameis. Nisto todos conhecerão que sois meus discípulos, se vos amardes uns aos outros" (João 13:34-35).

Curiosamente, Jesus não disse que eles deviam simplesmente amar as pessoas que eram como eles. Ele não lhes disse para ministrar entre as pessoas da sua própria classe e cultura, mas enviou-os a todo o mundo para partilhar as boas novas do Reino de Deus. É por isso que Paulo poderia declarar: "Nisto não há judeu nem grego; não há servo nem livre; não há macho nem fêmea; porque todos vós sois um em Cristo Jesus. E, se sois de Cristo, então, sois descendência de Abraão e herdeiros conforme a promessa" (Gálatas 3:28–29). A chamada acima inclui usar as belas vestes de santidade de Deus. A vida espiritual queima puramente e o mundo observa com espanto que pessoas de todas as nações, raças e géneros podem ser reunidos como um só em Cristo Jesus.

O afecto mútuo ou o amor fraterno atrai-nos continuamente para a fonte de todo o amor santo, Jesus. O climax da viagem leva-nos ao amor puro e inalterado. "Vejam como é grande o amor que o Pai nos concedeu: que fôssemos chamados filhos de Deus, o que de facto somos!" (1 João 3:1, NVI). A Nova Versão Internacional diz que Deus "derramou" esse amor sobre nós. Por causa da superabundância do amor santo de Deus, somos convidados a tornarmo-nos participantes da Sua natureza divina. Devemos tornar-nos participantes do amor santo de Deus, apaixonando-nos mais pelo nosso Senhor dia após dia. Não é de admirar que a chama queime brilhante e pura, pois não há mais corrupção, pois estamos inteiramente em Cristo.

Não escolhemos as virtudes, mas elas nascem uma após a outra. Esta é a viagem de volta ao monte, seguindo e participando em Cristo, vivendo uma vida energizada pela presença do Espírito Santo. Pedro estabeleceu esta elevada jornada diante de todos os crentes, mas ela não é colocada diante de nós como um objectivo inalcançável. É sim o convite de Deus para uma vida de santidade que torna possível a todos serem "irrepreensíveis e sinceros, filhos de Deus inculpáveis no meio duma geração corrompida e perversa, entre a qual resplandeceis como astros no mundo" (Filipenses 2:15).

Como já referimos, a queda do ministro é devastadora. Os primeiros pais da igreja disseram que se não continuasse a subir, estava realmente a perder terreno na sua vida espiritual, chegando ao ponto de chamar a falta de crescimento espiritual de pecado. Temos testemunhado a vida do pastor ocupado e líder da igreja; aquele que colocou o seu próprio crescimento espiritual de lado, para ajudar os outros, acabando por cair.

Em Génesis 28:6–14 encontramos uma passagem bastante obscura. É a descrição das vestes que Arão e os seus filhos deviam usar diante do Senhor. Embora seja uma descrição física das vestes, há mais pormenores na história. Os primeiros pais da igreja viram na descrição das vestes mais do que apenas o desenho de uma peça de roupa, acreditando que Deus estava a falar ao povo sobre as virtudes daqueles que servem no sacerdócio. As cores que foram selecionadas para as antigas vestes sacerdotais eram intencionalmente conspícuas para que o sacerdote se destacasse, entendendo que havia um padrão para o serviço diante de Deus maior do que o da pessoa comum. Esta roupa prenunciava a vida de santidade. Há uma mensagem aqui para aqueles que são chamados a servir como presbíteros e diáconos na igreja. A participação pessoal em Cristo deve ser um guia para quem está sob os cuidados de um ministro. Portanto, deve haver grande sensibilidade para a chamada e a vida do ministro deve ser adornada com as vestes de Cristo.

Chegámos ao fim do dia na Nigéria. Tinha sido uma grande celebração de ordenação enquanto cantávamos e dançávamos ao adorarmos o Senhor, todos vestidos com roupas feitas do mesmo tecido. Esse tecido foi impresso com o selo da Igreja do Nazareno. Tivemos de ir directamente da celebração para o aeroporto para apanhar o nosso avião para Lagos. Anelie e Carla não tiveram tempo de trocar de roupa e chegaram ao aeroporto com vestidos que anunciavam a nossa participação na Igreja do Nazareno. O agente do *check-in*, os que tratavam da bagagem e os seguranças comentaram os nossos lindos vestidos. Não havia dúvida de que estávamos vestidos como mensageiros da Igreja do Nazareno.

Quando estamos vestidos no carácter de Cristo, vestindo todas as vestes que estão preparadas para a noiva, tornamo-nos embaixadores vivos de Jesus. É intenção de Deus que o mundo olhe com admiração para a Igreja e a beleza das suas vestes, feitas não apenas de muitas camadas, mas também de cores variadas e mantidas juntas pelo fio dourado da doutrina - a santidade.

QUESTÕES PARA REFLEXÃO

1. Que novos conhecimentos adquiriu ultimamente? Que práticas tem na sua vida para continuar a aprender?

2. Porque é que o auto-domínio é vital para a vida cristã?

3. Como é que o nosso crescimento espiritual afecta as formas pelas quais nos envolvemos com irmãos e irmãs de diferentes etnias ou culturas?

4. Que coisa prática pode fazer para participar de uma cultura diferente da sua?

5. Como é que o afecto recíproco se torna testemunha da presença de Cristo?

10
A MÚSICA É UMA COR
Vamos Cantar um Novo Cântico

Dany e Carla

"Uma coisa pedi ao Senhor e a buscarei: que possa morar na Casa do Senhor todos os dias da minha vida, para contemplar a formosura do Senhor e aprender no seu templo."

Salmo 27:4

Eu, Dany, gosto muito de música, e tem sido uma força decisiva na minha vida. Uma vez, um amigo meu disse-me que a música decora o tempo, pois ela é de facto uma parte da vida, e em muitas culturas, até dá ritmo à vida. A música é uma paixão que herdei do meu pai, e a bateria africana, o reggae e a música jazz são os meus favoritos. Os tambores africanos em primeiro lugar têm a ver com ritmo;

"não há movimento sem ritmo", pois é o equilíbrio da vida quotidiana e é sobre as histórias reais da vida.¹ Em The Spirituals and the Blues, James Cone captura magistralmente a profunda conexão entre os africanos e os afro-americanos: "Desde sempre que a principal preocupação da música africana é receitar a história do povo. Portanto, quando os africanos foram trazidos para a América, eles levaram consigo a arte de contar histórias através da música."²

A arte de contar histórias através da música ainda é normalmente praticada entre pessoas centradas em histórias em todo o mundo e também está presente em momentos-chave da Bíblia quando encontramos o povo de Deus. No Antigo Testamento, encontramos uma passagem em Êxodo 15, que às vezes é chamada de Cântico de Moisés. Dizem que foi composta pela irmã de Moisés, Miriam. Este cântico é um belo exemplo da arte de contar histórias através da música. No cântico, os actos do Deus Todo-Poderoso são contados ao povo e as letras tornam-se na essência do culto, contando quem é Deus, o que Ele fez e afirmando as Suas promessas: "Ó SENHOR, quem é como tu entre os deuses? Quem é como tu, glorificado em santidade, terrível em louvores, operando maravilhas? Estendeste a tua mão direita; a terra os tragou" (Êxodo 15:11–12).

No Novo Testamento, encontramos outro belo cântico. Maria, a mãe do nosso Senhor Jesus, conta as grandes obras do Deus Todo-Poderoso num dos quatro cânticos da narrativa da infância: "A minha alma engrandece ao Senhor, e o meu espírito se alegra em Deus, meu Salvador... Porque me fez grandes coisas o Poderoso; e Santo é o seu nome" (Lucas 1:46-47,

---

1. The Rhythm Project and A Moving Company, "FOLI (there is no movement without rhythm) versão original por Thomas Roebers e Floris Leeuwenberg," https://www.youtube.com/watch?v=lVPLIuBy9CY&list=PL86jqfAltQu3mP0NiTWSzNMXOpm3JfimF.
2. James H. Cone, *The Spirituals and the Blues* (Maryknoll, NY: Orbis Books), 232.

49). Deus convida cada um de nós a desenvolver a prática de simplesmente adorar através da narrativa, assim como Miriam e Maria fizeram. Devemos cantar o nosso próprio cântico, com as nossas próprias palavras, a partir da nossa própria experiência, contando os actos majestosos de Deus na nossa vida quotidiana. Apesar de esta narrativa ser feita na nossa própria língua, o Espírito une-nos num corpo. Pode ser a isso que William Wadé Harris[3] se referia quando disse enfaticamente: "Deus não tem canções favoritas! Eu nunca estive no céu, então não posso dizer que tipo de música é cantada na aldeia real de Deus. Mas saibam que Ele não tem canções favoritas. Ele ouve tudo o que dizemos em qualquer língua. É suficiente que Lhe ofereçamos hinos de louvor com a nossa própria música e na nossa própria língua para que Ele compreenda".[4]

Ou pode ser o que o autor nigeriano Chinua Achebe descreveu no seu clássico *Things Fall Apart* quando o jovem Ikemefuna ouviu um hino cristão pela primeira vez e as letras foram interpretadas na sua língua materna: "Ele sentiu um alívio interior quando o hino se derramou na sua alma ressequida. As palavras do hino eram como gotas de chuva congelada que derretiam no palato seco da terra ofegante".[5]

Finalmente, pode ser a visão de João em Apocalipse: "Depois destas coisas, olhei, e eis aqui uma multidão, a qual ninguém podia contar, de todas as nações, e tribos, e povos, e línguas, que estavam diante do trono e perante o Cordeiro" (Apocalipse 7:9). O foco aqui não está no número, na diversidade

---

3. William W. Harris (1860-1929) foi um evangelista grebo liberiano que pregou na Libéria, Costa do Marfim e Gana. Foi descrito como a "cruzada evangélica de um só homem mais extraordinária que África já conheceu".
4. Roberta King, N. J. Kidula, J. R. Krabill, and T. A. Oduro, *Music in the Life of the African Church* (Baylor, TX: Baylor University Press, 2008), 64–65.
5. Chinua Achebe, *The African Trilogy* (New York: Penguin Publishing Group, 2017), 12.

ou na inclusão, mas na singularidade ("todos") e na igualdade (todos "de pé"). Os presentes estavam na mesma posição de prontidão, de expectativa e de adoração reverente na sua própria singularidade, na sua própria história e na sua própria identidade. Todos estão de pé na sua identidade como filhos e como co-herdeiros com o Senhor Jesus Cristo.

E o jazz? O jazz é um género musical nascido nos Estados Unidos entre o povo afro-americano de Nova Orleans. Alguns dizem que começou no lugar chamado "Congo Square". Este era o espaço em Nova Orleans onde os escravos negros se podiam reunir um dia por semana e cantar, dançar e ter comunhão. Escravos de diferentes nações revezavam-se na praça, ensinando as danças tradicionais e a música aos seus vizinhos e à próxima geração. Esta praça tornou-se num terreno fértil para a narrativa e a retenção da sua cultura africana através da música e a partir deste jazz desenvolvido.

Quando falo de jazz, refiro-me, em primeiro lugar, às suas origens africanas. O jazz nasceu entre um povo oprimido que expressou a riqueza da sua alma através de ritmos e generosidade, com abertura e engenhosidade que resultaram na inovação e na integração das culturas circundantes na música. Gosto do jazz pela sua universalidade e adaptabilidade como música que tem sido adoptada e tocada por culturas de todo o mundo sem perder a singularidade. É, em muitos aspectos, semelhante a Cristo nas culturas à volta do mundo. Cristo exprime-se de formas diferentes, mas a essência da sua mensagem e da sua pessoa nunca se perde. Como disse o missiólogo Lamin Sanneh: "O cristianismo era uma religião para todas as épocas, adequada para toda a humanidade. Seja qual for a sua base, não foi nunca algo de uma só altura, de um só local ou de um só idioma."[6]

Quando começamos a ouvir música a tocar silenciosamente ao longe, ela torna-se numa oferta e queremos aproximar-nos. Da mesma forma, o Evangelho é antes de tudo um convite, pois a boa nova sobre Jesus é uma mensagem de hospitalidade, uma história a ser partilhada com todos. Pedro fez a seguinte confissão diante de uma multidão de gentios: "Reconheço, por verdade, que Deus não faz acepção de pessoas; mas que lhe é agradável aquele que, em qualquer nação, o teme e faz o que é justo" (Actos 10:34–35). Deus Pai vê todos os homens e mulheres que O temem e que têm boa vontade. Nem sempre temos a mesma visão de Deus, e com nossos olhos tendemos a identificar as pessoas através da raça, género e *status* social. O poder do Evangelho pode fazer com que as escamas caiam dos nossos olhos religiosos e nos deem uma nova visão das multidões de crianças e amigos que estão a fugir do Pai.

Como vimos, a essência da adoração é contar quem é Deus, o que Ele fez e afirmar as Suas promessas. Embora isto seja verdade, a adoração também é sobre entrar na essência da hospitalidade de Deus. Quando este é o caso, somos exortados a levar os nossos irmãos e irmãs que ainda estão longe até à casa do Pai. A música da adoração deve ser um cântico de hospitalidade e esta é a missão de Deus para o mundo.

Há alguns meses, veio à minha mente um cântico cristão francês que não ouvia há quarenta anos. No cântico, o cantor falava sobre procurar os seus amigos, incluindo aqueles que estavam "a viver na noite" ou separados de Deus. Normalmente, pensamos que o Evangelho é sobre sair para buscar aqueles que estão perdidos e tendemos a rotulá-los como pagãos. Somos

---

6. Lamin Sanneh, *Disciples of All Nations: Pillars of World Christianity* (Oxford: Oxford University Press, 2008), 14.

como o apóstolo Pedro, que considerava Cornélio um pagão - um gentio, aquele que não deveria saber nada sobre Deus. No entanto, Deus viu Cornélio como um dos Seus filhos, um que se tinha separado do Pai. Pedro teve de aprender uma lição quando Deus abriu os olhos para aceitar o que ele chamou de "impuro" durante toda a sua vida. Durante muito tempo colocámos rótulos nos "outros" e não os imaginámos como filhos separados do seu Pai. Somos chamados a ir ao encontro dos nossos irmãos e irmãs para reconciliá-los com o nosso Pai comum.

O cântico também nos fala da vida do próprio escritor. O autor deste cântico é John Littleton, um afro-americano filho de um pastor baptista e agricultor, que nasceu numa plantação em Louisiana em 1930. Mais tarde na vida, ele foi para França durante o seu serviço militar e casou-se com uma mulher francesa. Ele viveu o resto da sua vida em França, morrendo na cidade de Reims em 1998. Ele ficou conhecido como o cantor de gospel francês mais famoso da sua geração, vendendo milhões de discos. Em John Littleton, vemos o belo exemplo da veste de muitas cores, onde alguém de outra cultura e raça, com uma tradição religiosa diferente, entrou num mundo diferente e se tornou parte da comunidade. Ele transcendeu a sua cultura de acolhimento para produzir uma mensagem de esperança e de paz que falasse à geração do seu tempo.

A veste de muitas cores não é a boa notícia por si só, mas é o resultado do trabalho que a boa notícia faz nos nossos corações e vidas. Tal como a música não conhece fronteiras culturais, devemos viver como se a música fosse uma cor. É um belo espaço que toca os nossos corações, mentes e almas; dele flui o amor a Deus e aos nossos irmãos e irmãs. De certa forma, gostaríamos de ficar neste lugar e apreciar a música. No Evangelho de João, lemos: "Indo, pois, ter com ele os samaritanos, rogaram-lhe que ficasse com eles; e ficou ali dois dias" (João 4:40). Ele ficou dois dias, mas depois teve de continuar, pois estava numa missão.

Devemos juntar-nos a Jesus nesta missão, mas devemos estar prontos. Há uma necessidade de sermos intencionais sobre a diversidade, honrando as belas cores no nosso meio, mas não podemos pender para a cultura. A música é de facto uma cor, mas é escolha de todos decidir que música se encaixa melhor e de vez em quando, essa música muda. A veste está a ser costurada, mas agora sois chamados a participar no padrão para o futuro. Tal como a visão messiânica da igreja encontrada no Salmo 45, devemos estar preparados nas nossas vestes de muitas cores, entrando na presença do rei com alegria e gozo. O autor africano Cheikh Hamidou Kane desafia-nos a pensar no futuro: "Não tivemos o mesmo passado, mas - sem dúvida - teremos o mesmo futuro. A era dos destinos individuais acabou. Assim, o fim do mundo realmente chegou para cada um de nós, pois ninguém pode continuar viver a pensar apenas na sua auto-preservação".[7]

O voo para Windhoek durou menos de duas horas, mas havia muita coisa a explorar. Namíbia era para ser um lugar de contrastes, onde os membros da igreja eram de várias culturas diferentes. A igreja urbana tinha plantado novas igrejas suburbanas, mas alcançou a área de grupos étnicos do norte. A palavra do Senhor espalhou-se e a assembleia viu um grupo único de pessoas - negras, brancas, de cor, urbanas e educadas, rurais e analfabetas - reunidas como uma comunidade de fé.

Chegou o momento de se realizarem eleições, mas não havia cédulas de voto suficientes para todos os delegados presentes, o que gerou frustração. O secretário deixou a assembleia para

---

7. Citado em Ela, *My Faith*, 12.

procurar uma fotocopiadora e fazer mais cédulas, mas era preciso fazer alguma coisa para preencher o tempo e ajudar a cortar a tensão na sala. Dany saltou para a plataforma, pegou num microfone, pedindo às pessoas que o seguissem. Ele cantou o verso de uma música e as pessoas cantaram de volta. Então, cantou outro verso e as pessoas voltaram a cantar de volta. Os músicos correram para a plataforma e juntaram-se - o teclista tentava encontrar o tom certo e o baterista começava a apanhar o ritmo.

De repente, todos se levantaram e juntaram-se à música. Algumas pessoas entraram no corredor e começaram a dançar até à parte da frente do santuário. Outros juntaram-se enquanto os seus rostos brilhavam de alegria. Pessoas em roupas ocidentais e outras vestidas com trajes tradicionais seguiram-se à volta do santuário, cantando louvores a Deus. De repente, toda a tensão esmoreceu e éramos um em Cristo.

E éramos um em Cristo!

QUESTÃO PARA REFLEXÃO

Para onde vai a partir daqui? Se quisermos ser o povo santo de Deus, não podemos permanecer os mesmos. Que verdades tira deste livro para fazer mudanças na sua própria vida?

_____

_____

_____

BIBLIOGRAFIA

Achebe, Chinua. *The African Trilogy.* New York: Penguin Publishing Group, 2017.

Augustine, "Sermons 63.1–3." Trans. R. G. MacMullen. De Nicene and Post--Nicene Fathers, First Series, Vol. 6. Ed. Philip Schaff. Buffalo, NY: Christian Literature Publishing Co., 1888. Rev. and ed. for New Advent by Kevin Knight. http://www.newadvent.org/fathers/160363.htm.

Aulen, Gustaf. *Christus Victor Austin,* TX: Wise Path Books, 2016.

Basil of Caesarea. Homilia(e) (PG 29:209-494; 31:163-618, 1429-1514). Trans. Agnes Clare Way, The Fathers of the Church: Basil of Caesarea, Exegetical Homilies, Vol. 56, ed. Joseph Deferrari. Washington, DC: The Catholic University of America Press, 1963.

Basset, Paul M. *Holiness Teaching: New Testament Times to Wesley.* 3 vols. Great Holiness Classics. Kansas City: Beacon Hill Press of Kansas City, 1997.

Biko, Steve. *I Write What I Like: A Selection of His Writings.* Johannesburg: Heinemann Publishers, 1978.

Brower, Kent. *Mark: A Commentary in the Wesleyan Tradition,* New Beacon Bible Commentary. Kansas City: Beacon Hill Press of Kansas City, 2012.

Brown, Brené. *Dare to Lead.* New York: Random House Publishing Group, 2018.

Buechner, Frederick. *Telling the Truth: The Gospel as Tragedy, Comedy, and Fairy Tale.* New York: HarperCollins, 1977.

Cone, James H. *The Spirituals and the Blues: An Interpretation.* Maryknoll, NY: Orbis Books, 1992.

Ela, Jean-Marc. *My faith as an African.* Eugene, OR: Wipf and Stock Publishers, 1988.

Fanon, Frantz. *Black Skin, White Masks.* New York: Grove Press, 1967.

Flemming, Dean E. *Philippians: A Commentary in the Wesleyan Tradition,* New Beacon Bible Commentary. Kansas City: Beacon Hill Press of Kansas City, 2009.

Geisler, Norman. L. *I Don't Have Enough Faith to Be an Atheist.* Wheaton, IL: Crossway Publishers, 2007.

Girvin, Ernest Alexander. *Phineas F. Bresee: A Prince in Israel, a Biography*. Kansas City: Pentecostal Nazarene Publishing House, 1916.

Goheen, Michael W. *Introducing Christian Mission Today: Scripture, History, and Issues*. Downers Grove, IL: InterVarsity Press, 2014.

Greathouse, William H. "Sanctification and the Christus Victor Motif," *Africa Speaks: An Anthology of the Africa Nazarene Theology Conference 2003*. South Africa: Africa Nazarene Publications, 2004.

Gregory of Nyssa. *De Perfectione* (On Perfection) (DP) (PG 46:249). Gregorii Nysseni opera, ed. Werner Jaeger, with others, 8:1. Leiden, The Netherlands: Brill, 1963. Trans. Virginia Callahan in St. Gregory Ascetical Works, Fathers of the Church, Vol. 58. Washington, DC: Catholic University of America Press, 1999.

———. In Canticum Canticorum (Commentary on the Canticle) (CC) (PG 44:756–1120). Gregorii Nysseni opera, ed. H. Langerbeck, vol. 6. Leiden, The Netherlands: Brill, 1960. In Daniélou, Jean. *From Glory to Glory: Texts from the Gregory of Nyssa's Mystical Writings*. Trans. Herbert Musurillo. Crestwood, NY: St. Vladimir's Press, 2001.

King, Roberta Rose, Jean Ngoya Kidula, James R. Krabill, and Thomas Oduro. *Music in the Life of the African Church*. Baylor, TX: Baylor University Press, 2008.

Kuma, Afua. *Jesus of the Deep Forest: Prayers and Praises of Afua Kuma*. Accra, Ghana: Asempa Publishers, 1981.

Lewis, C. S. *The Great Divorce*. New York: Macmillan, 1946.

Powers, Daniel. *1 & 2 Peter/Jude: A Commentary in the Wesleyan Tradition*. Beacon Bible Commentary. Kansas City: Beacon Hill Press of Kansas City, 2010.

Sanders, J. Oswald. *The Incomparable Christ*. Chicago: Moody Publishers, 1952.

Sanneh, Lamin O. *Disciples of All Nations: Pillars of World Christianity*. Oxford: Oxford University Press, 2008.

Snow, Robert S. and Arseny Ermakov. *Matthew: A Commentary in the Wesleyan Tradition*, New Beacon Bible Commentary. Kansas City: The Foundry Publishing, 2019.

Sunberg, Carla D. *The Cappadocian Mothers: Deification Exemplified in the Writings of Basil, Gregory, and Gregory*. Eugene, OR: Pickwick Publications, 2018.

Toffler, Alvin. *Future Shock*. New York: Bantam Books, 1970.

Wilken, Robert Louis. *The Spirit of Early Christian Thought: Seeking the Face of God*. New Haven, CT: Yale University Press, 2003.

www.ingramcontent.com/pod-product-compliance
Lightning Source LLC
Chambersburg PA
CBHW060527080526
44586CB00012B/642